Paris

www.editionsjourdan.fr

ISBN : 978-2-930757-42-1 – EAN : 9782930757421

Dépôt légal : D/2015/9685/03

Alain Leclercq

Amours & secrets coquins à Laeken

de Albert Ier à Albert II

Albert Ier et Élisabeth

Ce n'est pas celui qu'on croit qui mène le bal

Nous l'avons vu pour Léopold Ier et son fils Léopold II, la vie amoureuse de nos premiers monarques fut loin d'être de tout repos.

Ces gaillards savaient s'amuser et comme tous les puissants de ce temps n'avaient que faire de leur réputation ou du « qu'en-dira-t-on » ! À partir d'Albert Ier, cela va changer. Pas au niveau des mœurs, rassurez-vous il y aura encore suffisamment de croustillant pour en faire des êtres humains imparfaits comme tout un chacun, mais au niveau de la réputation, on va agir autrement et commencer à réellement se dissimuler. Les monarchies d'ancien régime c'est fini, il faut donner une image moins écornée au « bon peuple ».

Une mort qui fait « jaser »

Si l'histoire de la famille royale a retenu le nom de Baudouin comme celui du cinquième roi des

Belges, on se souvient beaucoup moins qu'il y a eu un autre Baudouin dans la famille. Il faut dire que ce second Baudouin (en fait le premier si on tient compte de la chronologie) n'a pas vraiment eu le temps de marquer les esprits. Baudouin Léopold Philippe Marie Charles Antoine Joseph Louis de Belgique de son petit nom est le fils de Philippe de Belgique, comte de Flandre et frère de Léopold II et de Marie de Hohenzollern-Sigmaringen. Héritier naturel du trône à partir du moment où Léopold II n'a plus de fils, il reçoit une éducation qui doit faire de lui un roi. Malheureusement, le destin va en décider autrement.

Le prince Baudouin est le frère aîné de celui que nous connaissons bien et qui règnera sous le nom d'Albert Ier. Baudouin meurt le 23 janvier 1891, âgé seulement de vingt ans, officiellement des suites d'une pneumonie.

Mais dès l'annonce de cette mort, des rumeurs vont se mettre à circuler sur les réelles circonstances de la tragédie.

Immédiatement, sa sœur Henriette s'émeut du fait que la presse fasse des supputations quant au fait que son frère aurait été tué lors d'un duel mettant en jeu une femme. Selon ses dires à elle, Baudouin est décédé très rapidement et la seule faute que sa famille ait commise, faute qui pour elle est certainement à l'origine de ces rumeurs, est de ne pas avoir parlé plus rapidement de la gravité de la maladie dont souffrait son frère.

Bien des années plus tard, son neveu, le futur régent Charles, ayant lui aussi la possibilité d'avoir des sources bien informées, sèmera à nouveau le doute dans les esprits en racontant que Baudouin, coureur de jupons, s'attirait parfois des problèmes en séduisant des femmes mariées ou en convoitant les maîtresses d'autres grands personnages. Pour Charles toujours, Baudouin entretenait une relation avec une cantatrice américaine du nom de Sibyl Sanderson. Pour son plus grand malheur, cette femme était aussi l'objet de la convoitise d'un autre prince belge. Baudouin aurait été surpris, par ce prince, en train de batifoler à l'*Hôtel de Suède*. Le prince aurait tiré sur Baudouin qui se serait enfui en carrosse chez ses parents. Mais blessé il serait décédé quelques heures plus tard des suites de sa blessure.

La plupart des journaux belges relayeront la version officielle sauf le journal « antiroyaliste » de gauche *Le Peuple* qui parlera d'une mort violente. On sait encore que la cantatrice était bien à Bruxelles à cette période et son biographe, Jack Hansen, parle bien de sa relation avec Baudouin sous le titre de *The Belgian conquest*. Pour le reste...

Le fait est que, pour la seconde fois, le destin prive Léopold II d'un successeur. Son fils, Léopold, étant décédé d'une pneumonie en 1869 à l'âge de dix ans.

Baudouin mort, c'est son frère Albert qui va devoir prendre sa place dans l'ordre de succession et cela n'est pas fait pour enthousiasmer Léopold II. En effet, le jeune Albert est tout le contraire de son frère, il est un peu gauche, peu confiant et très calme. Mais si la situation n'enchante pas le roi, elle n'enchante pas plus Albert. Celui-ci n'a jamais ambitionné une telle situation, que du contraire, d'ailleurs il s'était jusque-là laissé complaisamment cantonner dans l'ombre de son frère et personne au palais ne lui en demandait plus. Cette absence de préparation et d'ambition va amplifier le manque de confiance en lui chronique dont il semble souffrir. En 1905, à la mort de son père, il devient officiellement l'héritier présomptif, futur roi des Belges, situation dont il comprend vite qu'elle va l'obliger à faire face à des responsabilités dont il se sent tout à fait incapable de porter le poids.

Un prince charmant

Mais les états d'âme d'Albert ne pèsent pas lourd dans la balance de son destin et il est temps de trouver une princesse digne de ce nom au jeune prince et futur roi. Et la question taraude de plus en plus l'entourage de la famille royale et surtout Léopold II qui espère peut-être qu'une compagne transformera son neveu un peu niais en homme viril et responsable.

Alors on multiplie les rencontres et les démarches dans l'espoir de trouver la candidate parfaite, mais toutes échouent les unes après les autres. Il faut dire qu'Albert se montre aussi difficile que son oncle est strict et sévère.

Si la légende et les contes de fées veulent que les princes se fassent capricieux jusqu'au moment où enfin le coup de foudre les foudroie face à la princesse de leurs rêves, qu'ils l'épousent et qu'ils aient de beaux enfants, la réalité fut un peu différente pour Albert. Celui-ci a bien un coup de foudre, mais pas pour celle qui deviendra plus tard la reine des Belges ! C'est pour une jeune princesse française que va craquer le cœur d'Albert. En 1898, il s'éprend d'Isabelle d'Orléans, la fille du prétendant à la couronne française, Philippe d'Orléans ou « Philippe VII ».

Mais, la vie de roi n'est pas un conte de fées et les mariages d'amour ne sont pas légion, du moins à cette époque. Pour Léopold II, l'amour n'est pas le plus important, et il sait que d'un point de vue politique il est impossible que la fille du prétendant au trône de France monte sur le trône d'un pays voisin de la République française. Pour nos « amis » du Sud, ce serait presque un casus belli.

Albert, obligé de renoncer à son élan amoureux, est sommé de revoir sa copie.

Le chagrin d'Albert est-il de courte durée ? Il y a dans les cartons une certaine Élisabeth dont il est officiellement tombé sous le charme à l'occasion de l'enterrement de Sophie-Charlotte, en Bavière, duchesse d'Alençon et mère d'Emmanuel d'Orléans, qui a épousé sa sœur Henriette. Cette Élisabeth est la nièce de la défunte et de la sœur de celle-ci, qui n'est autre que la fameuse Sissi connue également sous le nom d'Élisabeth d'Autriche. Pour l'anecdote, la future reine de Belgique portait le prénom car elle était sa filleule.

Séduction ou arrangement ? C'est Henriette, la sœur d'Albert, qui aurait aidé à privilégier un arrangement avec Élisabeth. Et là, pas de problème avec le voisin quel qu'il soit.

Si cette rencontre est malgré tout arrangée et que les deux jeunes gens se montrent timides, quelque chose se passe entre eux, en tout cas si on en croit une série de lettres qu'ils échangèrent une fois les présentations faites :

« Puisses-tu être heureuse comme je le souhaite. Bien-aimée, c'est comme cela que tu t'appelleras toujours pour moi, car il n'y a que toi qui aies une place dans mon cœur. Et cette place est si grande qu'il n'en reste point d'autres. »

Voilà la princesse d'Orléans oubliée, pour les beaux yeux d'Élisabeth.

Et ce sont deux tourtereaux épris d'une passion l'un pour l'autre qui se présentent devant l'autel pour convoler en justes noces le 2 octobre 1900.

Un mariage… hors-la-loi

Évidemment, en ce 2 novembre, tout le monde n'a d'yeux que pour le jeune couple princier et le faste royal. La beauté de la mariée a-t-elle fait perdre la tête aux officiels en charge de cette union princière ? On ne sait pas, toutefois si on regarde les documents de plus près, on remarque rapidement qu'il n'est pas légal... Tout est bien dans le meilleur des carnets mondains, fête, réception, etc.

Seul petit « hic » : un article de notre Constitution de l'époque qui existe toujours aujourd'hui indique qu'aucun acte du roi ne peut être valable politiquement s'il n'est pas en plus signé par un ministre. À cela s'ajoute un autre article de notre Constitution (le 60e à l'époque, le 85e actuellement) qui, lui, nous apprend qu'un prince héritier qui se marierait sans l'accord du roi perdrait son droit de régner. Léopold II ne s'est pas opposé au mariage d'Albert et Élisabeth, que du contraire. En revanche, s'il a donné son autorisation, on attend toujours de la voir contresignée par un ministre. Personne ne l'a jamais vue et pour cause : elle n'existe pas... Un oubli qu'on a caché de peur d'encourir les foudres du monarque ? On ne sait pas.

La seule chose que l'on sait c'est que ce mariage de facto empêchait Albert Ier de devenir roi des Belges le 23 décembre 1909. En janvier 1910, la question est abordée par certains quotidiens comme *Le Soir,* mais sans trop oser insister. Auguste Beernaert, un homme politique important de l'époque, reconnut en parlant de ce mariage qu'il y avait bien eu « une violation théorique de la lettre de la Constitution », mais lui aussi laissa filer.

Finalement, Albert Ier n'étant pas légitime, quid de la légitimité de ses successeurs ? Seuls des constitutionnalistes peuvent répondre. La Première Guerre mondiale, qui suit ces événements de quelques années, sonnera le glas de cette polémique.

Ils se marièrent et eurent de beaux enfants…

Les jeunes époux, afin de préserver une certaine intimité, ne s'installent pas dans le palais des parents d'Albert, mais dans une superbe maison de la rue de la Science, à Bruxelles. Très rapidement, le peuple belge se prend d'affection pour les nouveaux mariés, qui donnent une image de couple heureux et complice, dévoué à la Belgique. Pour cela, ils s'investissent dans le domaine social et s'intéressent aux sciences et aux nouvelles techniques autant qu'à la culture, en particulier Élisabeth.

En novembre de l'année 1901, un premier enfant voit le jour, un garçon, le futur Léopold III. Deux ans plus tard naît Charles-Théodore, le futur régent, et en 1906, Marie-José, l'unique fille du couple princier qui deviendra le temps d'un instant reine d'Italie en épousant Umberto de Savoie.

Élisabeth se montre une mère aimante, ne pouvant toutefois cacher une petite préférence pour le premier de ses enfants. Seule ombre au tableau de cette famille idéale de princes et princesses de conte de fées, au printemps 1917, Élisabeth fait une fausse couche.

Mais le temps passe…

L'enthousiasme et l'amour que les deux époux éprouvent l'un pour l'autre perdent rapidement en intensité. Les illusions du début se dissipent de plus en plus. Il ne faut pas être grand psychologue pour rapidement découvrir que si on avait pris le temps de se pencher un peu plus sur le caractère de l'un et de l'autre, on aurait pu prédire la chose. Ces deux êtres « officiellement » si bien assortis sont en réalité le fruit de deux conceptions de la vie bien différentes.

Fille de Charles-Théodore en Bavière, le frère préféré de Sissi, Élisabeth a reçu une éducation peu stricte, son père la laissant généralement faire ce dont elle avait envie.

Rêveuse, intrépide et peu encline aux conventions, elle n'ignorait rien de la vie sexuelle et des sujets dits « tabous ».

Elle est une femme d'instinct qui écoute son cœur et ses envies les plus fantasques. Ses passions sont l'art, les voyages et plus que tout...la musique!

Si on avait demandé à la future reine de décrire le portrait de l'homme idéal, Albert n'aurait certainement pas été son modèle.

Car Albert qui avait reçu une éducation beaucoup plus stricte que sa femme, basée surtout sur le rejet des frasques de son oncle Léopold II, n'était pas le personnage le plus joyeux qui soit. Si on ajoute à cela qu'Élisabeth avait un tempérament artistique à l'opposé du sien qui était tourné presque essentiellement vers les sciences et les techniques, on peut en déduire que les charmes de la découverte passés, il était presque inévitable qu'Élisabeth finisse par se lasser.

Albert sentant la distance s'installer entre eux ne baisse pas les bras pour autant, il va vouloir se rapprocher et en permanence la surprotéger, en particulier lors de ses grossesses.

Mais ses efforts jouent contre lui, la reine se sent étouffer alors qu'elle n'aspire qu'à une chose: respirer librement et être autonome. Il s'y prend tellement mal avec elle, ne la comprend tellement pas, qu'il finit par l'exaspérer, et elle en arrive à fuir sa présence le plus possible.

Évidemment, il n'est pas question de divorce ou de séparation…

L'amour de la musique… et des musiciens

Lasse de son mari et de la prison dorée qu'il lui offre, c'est dans la musique, sa grande passion, qu'Élisabeth va trouver refuge. Elle décide de prendre des cours de violon et ne va pas se choisir n'importe quel professeur. Elle va jeter son dévolu sur Eugène Ysaÿe, le prodige du violon de l'époque. Compositeur renommé et chef d'orchestre hors pair, âgé à ce moment-là de 45 ans, il va se montrer très bon professeur, très attentif et très intentionné. Un peu trop peut-être, car on va lui attribuer le rôle d'amant de la reine. Selon certains, leur relation aurait débuté dès 1903, soit à peine trois ans après le mariage princier.

La complicité et l'affection qu'ils avaient l'un pour l'autre étaient plus qu'évidentes aux yeux de tous ceux qui les voyaient ensemble. Et le fait qu'Élisabeth, lorsqu'elle créa son fameux concours musical le dédia à son professeur en l'intitulant : « Concours international Eugène Ysaÿe » ne fit qu'amplifier les rumeurs. Le concours deviendra en 1951 le « Concours Reine Élisabeth ».

Quant au roi, si l'affaire est un jour prouvée avec certitude, il ne ferait que confirmer l'adage qui veut que le cocu soit toujours le dernier averti, car il nomme Ysaÿe « Maître de la Chapelle de la Cour de Belgique ».

Il devait être bien naïf lui qui, alors qu'Élisabeth prend le thé en compagnie d'Ysaÿe, après l'avoir préparé et servi elle-même vu qu'elle a pris soin de congédier ses domestiques, arrive à l'improviste, demande par l'entrebâillement de la porte s'il ne dérange pas, puis entre et dépose un paquet sur la table. Ce paquet contient du succulent raisin de Hoeylaert par où le roi vient de passer à moto et où il a ramassé les fruits en trop que les producteurs ont pour habitude de déposer sur le bord de la route à l'intention des amateurs. Albert les avait pris pour les partager avec la reine. On sait qu'il accompagna son présent d'un gentil : « Ils sont excellents, j'ai essayé moi-même ! », mais l'histoire ne dit pas s'il est resté pour les déguster avec les deux compères ou s'il se retira sur la pointe des pieds.

En terme de rumeur concernant ce couple mélomane, la plus folle est sans doute celle qui affirme que de cette union naquit un enfant. Certes, à partir du moment où on peut penser que la relation fut consommée, il peut être légitime de penser qu'à une époque où les moyens de contraception ne sont pas encore ce qu'ils sont aujourd'hui, un tel « accident » était possible.

On voit quelques années plus tard apparaître un certain Philippe Newman qui, pour certains, serait cet enfant adultérin. Officiellement natif de Manchester, il débarque en Belgique et fait presque de notre royaume son pays d'adoption. Cela, après avoir étudié avec le premier assistant d'Ysaÿe, son idole, et après être devenu l'ami d'Antoine, le fils du maître. En 1931, c'est encore Newman qui se rend chez Ysaÿe mourant et qui lui joue la *4e sonate pour violon seul* composée par le maître lui-même. Cette sonate, jouée par ce fils « au moins spirituel », fut le dernier air de musique qu'entendit le célèbre musicien. Il ponctua ce morceau d'un : « *Splendide... mais la finale... un peu trop rapide...* ».

Aux funérailles d'Ysaÿe, Newman prit les cordes de son violon et les lia entre elles autour d'une couronne qu'il plaça sur la tombe de son maître.

Après la mort d'Ysaÿe, Newman débute une longue collaboration avec Élisabeth et devient son professeur personnel de violon. Ils joueront ensemble jusqu'à la mort de la reine le 23 novembre 1965, à l'âge de 90 ans. Newman mourra, lui, d'une crise cardiaque dans sa chambre d'hôtel à Majorque le 23 novembre 1966, une année jour pour jour après sa protectrice.

Ce qui constitue pour certains une preuve de plus de la filiation est l'étrange ressemblance de Philippe Newman avec Eugène Ysaÿe. Maintenant, si on est attentif à la date de naissance de ce Newman, le 13 mai 1904, un problème surgit, car Élisabeth accouche de Charles en octobre 1903. Il n'y a donc que sept mois entre les deux naissances, ce qui est un peu bref pour une gestation humaine viable. Les spécialistes expliquent, en moyenne, qu'une femme qui n'allaite pas peut facilement être à nouveau enceinte après 45 jours. Ce sont des mystères de la nature qui peuvent l'être directement après l'accouchement précédent ; le risque principal étant de mettre au monde un prématuré. Ce qui, avec une naissance après 7 mois, serait le cas.

Mais pour certains qui ne sont pas partisans de cette thèse, si Élisabeth ne peut pas être la mère de Newman, ils en font alors la maîtresse.

Enfant adultérin d'Élisabeth et d'Ysaÿe ? D'Ysaÿe seul ? Amant ? Simple disciple passionné ? Saura-t-on un jour qui fut vraiment Philippe Newman pour Élisabeth ?

Enfant caché

La reine aimait la musique et les musiciens; ce n'était un secret pour personne. Il n'y aurait pas eu que le célèbre Ysaÿe, mais aussi dans les années 1910, un autre musicien du nom de Corniel de Thoran. Si celui-ci est connu pour être un grand chef d'orchestre spécialisé dans l'opéra et pour avoir été directeur du théâtre de la Monnaie de 1918 jusqu'à sa mort, il était aussi connu pour être un vrai Don Juan. Ajoutez à cela une très grande proximité avec la reine et la rumeur repart de plus belle concernant une possible relation. Plus encore, de cette union serait né le 26 juillet 1911, un certain Robert. Mais ce qui donna, pour certains, du poids à la rumeur, c'est que ce Robert avait sans vraiment de raison son entrée au palais et qu'il finit par être nommé comme chef d'orchestre à la Chapelle Musicale, cela malgré le fait qu'il n'était pas des plus qualifiés pour remplir cette fonction. Tous ces éléments laissèrent bien entendu penser qu'il s'agissait là de privilège lié à sa qualité de bâtard royal. Le palais ayant toujours eu la réputation de prendre en charge les illégitimes.

Encore plus fou!

Albert et Élisabeth ne sont ensemble que depuis quatre ans lorsque de violentes disputes éclatent.

Ces accrochages viennent souvent de la tendance qu'a Albert à se mêler de tout. Le 29 octobre 1904, le prince écrit à son épouse : « Nous sommes à nouveau séparés l'un de l'autre après de nouvelles discussions. Tu as toutefois remarqué que nous étions tristes lors de ton départ, c'est un signe que nous nous aimons encore. »

Les deux époux empruntent de plus en plus des chemins séparés. Albert continue à écrire des lettres à Élisabeth dans lesquelles il lui demande d'être prudente. Elle prend trop de risques. La princesse ne prend même plus la peine d'ouvrir ces lettres. Son époux la laisse totalement indifférente. Ils ne vivent plus ensemble, mais en parallèle.

Un an plus tard, pendant l'hiver 1910, la population belge retient son souffle. Élisabeth, qui n'est reine que depuis une seule année, souffre d'une dangereuse pleurésie. Jour après jour, elle lutte pour rester en vie. Les amants qu'elle aura par la suite seront, pour elle, comme une compensation pour sa santé fragile. Elle prend ainsi sa revanche sur la nature.

Pour Élisabeth, 1912 sera une année terrible qui la verra perdre plusieurs membres de sa famille, dont son plus jeune frère Frans-Jozef, mais c'est surtout le suicide de sa sœur préférée, Marie-Gabrielle, qui lui porte un coup terrible.

Un couple qui devient malgré tout mythique

L'arrivée de la Première Guerre mondiale va être l'occasion de faire taire toutes ces rumeurs et de transformer ce couple pour le moins hors norme en héros de la nation. Car c'est bien connu pour tous les peuples, la royauté, c'est sacré et en cas de guerre un zeste d'héroïsme ce n'est pas pour déplaire.

Alors notre roi, pourtant plutôt timide et un peu gauche, va devenir « le roi-soldat » ou même le « roi-chevalier ».

L'image d'un souverain se battant aux côtés de ses soldats, partageant leur sort dans les tranchées boueuses de l'Yser va devenir une véritable image d'Épinal qui se transmettra de génération en génération faisant de lui l'un des plus populaires de nos souverains, si pas le plus populaire.

Pourtant, l'image d'un roi combattant à outrance pour offrir la victoire à son pays et partageant le quotidien de ses hommes, faisant preuve d'un courage et d'une bravoure hors norme, semble être un peu erronée.

Le roi, depuis son enfance, n'est pas de nature téméraire, ni vraiment apte à agir en tant que meneur, encore moins héroïque. Son esprit est beaucoup plus hanté par la peur, celle de n'être pas à la hauteur de sa mission et peur de ne pas arriver à être aussi performant que ce qu'il pense qu'aurait été son frère décédé. Très vite, il va sérieusement penser à négocier avec l'envahisseur et c'est Élisabeth, au sein d'un couple reconstitué en apparence, qui va l'aider à se ressaisir et l'empêcher de prendre finalement cette décision. Alors va surgir dans la presse, comme sorti de nulle part, un roi héroïque dont il fallait qu'il ait pour épouse une femme tout aussi héroïque. Alors que lui, nous l'avons vu devient le « roi-chevalier », la reine qu'on disait malade, folle, volage… va devenir la « reine-infirmière ».

Un virtuose du bistouri

Les premiers moments de stress liés à la possible défaite passés, les hommes s'enterrent depuis la Suisse jusqu'à la mer du Nord et une forme de routine peut s'installer. Les hommes de troupe sont séparés de leur famille, mais pour Albert et Élisabeth, ce n'est pas le cas et ils peuvent donc eux aussi reprendre leurs habitudes et... leurs amours parallèles. Un homme va faire son apparition aux côtés de la « reine — infirmière », il s'appelle Antoine Depage. C'est l'un des plus grands chirurgiens du moment et il n'est pas inconnu de la famille, car c'est lui, déjà, qui avait tenté de sauver Léopold II lors d'une ultime opération quelques jours avant la mort de ce dernier. C'est lui aussi qui va transformer à La Panne, un simple hôtel du nom de *Hôtel de l'Océan* pour en faire, avec l'aide de la reine, le célèbre *Hôpital de l'Océan*. Là, à une douzaine de kilomètres des premières lignes, l'antenne du docteur Depage soigne les blessés des tranchées, mais va en plus faire progresser la chirurgie de guerre comme nulle part ailleurs. On viendra de partout y voir les progrès accomplis dans les soins et on y verra passer des sommités aussi connues que Marie Curie, Alexis Carrel ou encore Alexander Fleming.

L'efficace complicité entre le docteur, qui deviendra par la suite président de la Croix-Rouge de Belgique, et Élisabeth laisse supposer qu'il y avait plus que du respect mutuel entre eux. D'autant plus que Depage était veuf depuis peu et donc libre. Une lettre de la reine alimenta la rumeur. On peut y lire : « *J'étais très heureuse de cet après-midi en votre compagnie, mais mon chef (Albert) ne me permet pas de sortir aujourd'hui. Bien que j'aime fouler ses ordres au pied, je ne peux venir parce qu'il est à la maison.* »

Fausse couche

Les rumeurs concernant cette possible liaison vont encore aller plus loin. Il faut croire que la reine Élisabeth était une femme particulièrement féconde, car en plus des enfants du roi et de ceux qu'elle aurait eus avec Ysaÿe et avec Corniel de Thoran, elle sera de nouveau enceinte en 1917 et ce sera pour elle un événement parmi les plus douloureux que puisse vivre une femme, celui de la perte d'un enfant en couches. Au cours de cette dernière année de guerre, la reine doit bien le constater, elle est enceinte et au mois de septembre elle se retire pour accoucher à la ferme château Flora à De Moeren. Malheureusement, elle perdra cet enfant et restera recluse pendant de longs mois après cet événement traumatisant. Les rumeurs vont aller bon train. L'état des relations affectives entre le roi et la reine ajouté à la longue période entre cette grossesse et la précédente qui remontait à 1907 suffirent à mettre en doute la paternité royale de l'enfant. Et si ce n'était pas le roi, ce ne pouvait être que le supposé amant de la reine, le bon docteur Depage. On alla même plus loin en prétendant que, en fait, il ne s'agissait pas d'une fausse couche, mais que la reine avait avorté de cet enfant illégitime.

Une lettre qui en dit long...

La guerre, sa fausse couche, son nouvel état d'héroïne populaire… tout cela ne semble pas avoir convaincu la reine de rentrer dans les rangs au niveau de sa vie amoureuse. C'est une lettre qui va alimenter la rumeur, celle-ci a été retrouvée par Evrard Raskin dans les archives du Palais Royal :

« Il est possible que ce soit la dernière lettre que je vous écris. Du reste, je me demande si vous comprendrez (...) je souffre de devoir réaliser que le plus beau sentiment que je n'aie jamais éprouvé de ma vie a été éclaboussé. Le fait de constamment nous tourmenter et nous vexer l'un et l'autre et le fait que nous n'ayons jamais réussi à atteindre une véritable communion de pensée ont, tous deux, tué ma tendresse. Nous ne sommes coupables ni l'un, ni l'autre (...). Laissons-nous reprendre notre liberté. »

Cet échange épistolaire a lieu entre Élisabeth et Walter Rummel dont vous ne serez pas étonné d'apprendre qu'il est musicien. Fils d'un autre pianiste de renom, Franz Rummel, et de Leila

Morse, la fille de l'inventeur des codes utilisés pour la télégraphie. Walter suit les traces de son père en se passionnant pour la musique et plus particulièrement, pour le piano. Sa relation avec Élisabeth aurait pris une tournure particulière à partir de 1922. Walter a 35 ans, soit sept de moins que la reine et il commence à accumuler les concerts privés donnés pour celle-ci. La souveraine, de son côté, honore de sa présence les représentations publiques de son nouveau « protégé ».

Mais avec Rummel il semblerait que la reine ait jeté son dévolu sur une aussi forte tête qu'elle, ce qui donne un caractère un peu tapageur à leur relation et ce qui explique la fin de la lettre.

Serait-ce pour se faire pardonner de ces petites contrariétés que la reine fait des cadeaux à son « ami » musicien, allant jusqu'à lui offrir son perroquet Jacquot, rebaptisé « La Merveille » par Rummel. C'est elle aussi qui le fera décorer de l'Ordre de Léopold.

La Veuve joyeuse

À la mort de son époux le 17 février 1934, Élisabeth passe du statut de reine à celui de « reine mère », mais ni son état de veuve, ni son âge, ne semblent avoir été synonymes d'abstinence amoureuse pour l'ancienne reine. Car à près de 60 ans, c'est une nouvelle rumeur qui commence à se propager. L'amant qu'on lui attribue est une fois de plus musicien et se nomme pour le coup Charles Houdret. Violoniste, il a étudié avec Eugène Ysaÿe et c'est à Charles Houdret qu'Élisabeth demande de l'aide pour organiser le premier concours international Eugène Ysaÿe. La rumeur serait-elle née si Élisabeth n'avait fait réaliser deux bustes de Houdret et si celui-ci ne se vantait pas d'appeler la reine mère « ma petite chérie » ? Tout cela ne porta cependant pas chance au dit Charles, qui, auteur d'un détournement de fonds à la Chapelle Musicale, fut congédié par sa supposée « maîtresse », celle-ci n'hésitant pas un instant à se séparer de ce dernier qui finalement écopa d'une peine de cinq ans de prison.

Une liste sans fin...

En fait, la liste des prétendus « amants » de la reine est sans fin. Dès qu'un homme était proche d'elle, on supposait qu'il y avait anguille sous roche.

Alors, pour en finir avec les amours ou supposées tels d'Élisabeth citons : Albert Einstein, célèbre scientifique tout autant ami avec le roi, que soit dit en passant et avec humour, on ne soupçonna, lui, de rien... le professeur Pierre Nolf, grand médecin membre de l'Académie royale de Médecine de Belgique, ou encore Pablo Casals, un violoncelliste, encore un, mais espagnol lui... Élisabeth aurait également succombé aux charmes de son professeur de russe, qui au demeurant aurait été un membre du KGB et qui aurait converti la reine au socialisme. Nous terminerons en citant Henri de Man, le dirigeant du Parti ouvrier belge, ce qui ne l'empêchait pas de hanter plus que de raison les couloirs du palais royal à une époque où il était pourtant de bon ton comme socialiste de se dire républicain...

Et le roi alors?

Pour la première fois dans l'Histoire de Belgique, nous voyons que nous avons affaire à une reine dont le comportement est plus masculin qu'autre chose. Pour la première fois, nous voyons évoluer une femme qui, à sa manière, est de loin une prédécesseure au point de vue de l'émancipation de la femme.

Petit à petit, la reine ayant pris ses distances avec son mari pour des horizons plus excentriques, on peut concevoir qu'« abandonné » par sa femme légitime, Albert Ier ait cherché, à son tour, le bonheur ailleurs.

Si nous connaissons très peu de choses sur la vie privée d'Albert, et que certains prétendaient qu'il était aussi peu porté sur la chose que la reine avait la cuisse légère… il existe quelques petits éléments qui nous laissent à penser que le roi, petit à petit, était parvenu à surmonter sa timidité surtout en matière de galanterie.

Un jour, le ministre Edmond Carton de Wiart entra dans le bureau du roi. Quelle n'est pas sa stupeur de constater que le roi tenait dans ses bras une de ses secrétaires, et qu'il dansait avec elle sur le sol débarrassé de son tapis ! Officiellement, il répétait pour une prochaine invitation à Buckingham où il devait ouvrir le bal avec la reine d'Angleterre… Le palais n'avait donc pas les moyens de s'offrir un professeur de danse ? Leçon réelle ou excuse, de toute façon, on disait que le personnel féminin ne restait pas longtemps au palais parce que le roi se montrait souvent très pressant.

Au printemps 1912, un bruit des plus étonnants circula, consigné par l'officier d'ordonnance du roi du moment, Léon Cattoir. Il disait que Élisabeth aurait surpris son mari dans une situation compromettante avec une servante. La reine aurait alors tiré sur elle avec un révolver et l'aurait même tuée. Cela fait, elle se serait lancée à la poursuite d'Albert, qui n'aurait dû son salut qu'à la fuite!

On peut douter de ce témoignage comme des rumeurs qui, plus tard, la feront tirer sur Albert participant de cette manière à son décès et au mystère de Marche-les-Dames, car, au vu de l'éloignement voulu pas la reine, les maîtresses du roi devaient certainement laisser notre souveraine indifférente.

Un enfant adultérin d'Albert comme professeur ?

Pendant la Seconde Guerre mondiale, les enfants royaux sont « exilés » à Ciergnon pour être mis à l'abri d'un éventuel bombardement sur la capitale. Là, Baudouin, qui est en âge de suivre les cours du primaire, doit continuer à être scolarisé et on crée donc à son intention une mini-classe. Bien entendu, il lui faut des professeurs et l'un d'entre eux s'appelle Paul Paelinck. Celui-ci est né à Hasselt en 1913, enseigne les mathématiques, les sciences naturelles et également le néerlandais. Chose étonnante, Paul Paelinck est le seul qui puisse tutoyer Baudouin. Pour certains, ce n'est pas un hasard, la raison en serait que Paul Paelinck est en réalité un fils naturel d'Albert et donc l'oncle de Baudouin. Ce qui vient appuyer cette thèse c'est notamment que plus d'une personne en rencontrant ce Paul Paelinck pour la première fois ont été frappées par la forte ressemblance qu'il y avait entre lui et le roi Albert. Par la suite, il continua à faire carrière au sein de la (sa ?) famille royale en devenant le secrétaire particulier de la reine Fabiola et à partir de 1978 jusqu'à son décès en 1987, il sera aussi président du Concours Reine Élisabeth et anobli baron. Dernier petit détail troublant lorsqu'Albert et Paola font un voyage privé, il leur arrive de le faire sous le nom de Monsieur et Madame Paelinck.

Il y a aussi des affirmations complètement insensées, comme celle qui aurait fait naître un enfant d'une relation avec une certaine Mia Van Cauwelaert, la fille de l'homme politique Frans Van Cauwelaert, un des artisans de la transformation de l'université de Gand en université flamande.

Seul petit problème, cette Mia naît le 4 octobre 1911 et si elle avait été la maîtresse du roi, cela n'aurait pu se faire que lorsque son père était dans l'entourage d'Albert, soit pendant la Première Guerre mondiale, donc à maximum 8 ans. Comme dit l'adage : « on ne prête qu'aux riches », mais de là à faire d'Albert un amateur de petites filles, il y a des limites à ne pas franchir...

Une mort qui pose question en rapport avec un comportement volage ?

Le 17 février 1934, à 12h15, le roi Albert quitte son palais au volant de sa voiture en compagnie de M. Van Dijk, son valet. Deux heures et demie plus tard, il est à Marche-les-Dames pour s'adonner à son sport favori : l'escalade. À l'heure où le valet s'attend à voir revenir le roi, il ne voit personne. Le valet s'inquiète d'autant plus que notre souverain est attendu le soir même au Palais des Sports à Anvers. Rapidement, il part à la recherche d'Albert, sans le retrouver. Il file jusqu'au village de Marche-les-Dames et donne l'alerte au Palais par téléphone. Le capitaine baron Lucien Jacques de Dixmude, officier d'ordonnance, quitte le château à 19h50 pour Marche-les-Dames. Le comte Xavier de Grunne, secrétaire général du Club alpin belge, est lui prévenu à 20h. Il démarre avec le docteur Pierre Nolf, à 20h30. Ils sont sur place à 21h45.

Les recherches dirigées par Jacques de Dixmude débuteront avec trois gendarmes et deux gardes-chasse. Elles n'aboutiront que vers 1h55 du matin.

Pour d'autres, la découverte intervient à 2h02. Ces sept minutes de différence sont sans importance après neuf heures de recherches. Les gendarmes sont le commandant de la brigade de Namêche, le premier maréchal des logis-chef Veckmans, les maréchaux des logis Camille Crépin et Joseph Fissette. Ce dernier aurait établi un procès-verbal. Si c'est vrai, il est introuvable. Il ne figure pas dans le dossier judiciaire.

L'instant de la mort sera fixé à 16h. Soit une demi-heure après que le roi ait quitté Van Dijk.

La dépouille est retrouvée étendue sur le dos, les bras tendus, comme pour saisir un appui. Ses vêtements sont salis de terre et son corps est presque entièrement recouvert de feuilles. Il a selon toute apparence glissé, la tête en bas, depuis le sommet du ravin, près d'une plate-forme, jusqu'à un bloc de pierre où on a depuis élevé une croix à sa mémoire.

Le rapport établi par le président du Club alpin de Belgique qui se trouve dans le rapport du parquet dit que : « La chute a dû se produire après l'achèvement d'une escalade, au moment où le roi voulait compléter sa journée en gravissant une dernière tour qui surmonte la crête principale. Toutes les traces, vérifiées sur les lieux, permettent de supposer qu'en abordant la plate-forme sommitale de cette tour, le souverain s'est accroché à un large bloc descellé et en équilibre instable. Ce bloc très lourd, en basculant, a rejeté le corps vers le vide. Il aurait certainement pu se reprendre à la plate-forme, deux mètres plus bas, si par malheur, rencontrant une longue branche, le corps ne s'est renversé en arrière. Dès lors, la chute s'est poursuivie la tête vers le bas, sans possibilité de rétablissement. À une douzaine de mètres en dessous, une aspérité rocheuse défonçait le crâne et achevait l'œuvre cruelle du destin. La branche tordue, le pince-nez resté dans les brindilles, la touffe de cheveux sur la saillie du rocher, tout est là comme un livre ouvert, racontant avec une implacable précision l'accident dans les moindres détails. »

Une mort bien étrange quand même

La thèse officielle de l'accident tient parfaitement la route si, au départ, on y croit. Dès le moment où on la met en doute, elle s'effondre, parfois sur des détails. Plus rien ne s'enchaîne harmonieusement, de façon logique, cohérente et les anomalies aussi bien que les questions ne font dès lors que s'accumuler.

Des anomalies à n'en plus finir

En vrac et sans numéroter ces anomalies comme l'a fait Jacques Noterman dans le livre qu'il a consacré à cette affaire il y a quelques années...

Comment expliquer qu'il faut, à peu de choses près, neuf heures pour retrouver le corps ? Le délai est compté entre le moment où Van Dijk commence ses recherches (17h) et le moment de la découverte du corps (1h55 ou 2h02). Certes, tout au début, Van Dijk est seul, mais il fait encore clair jusque passé 18h. De plus, il est rapidement rejoint par trois frères du nom de Jassogne. Il n'a pas vu le roi à l'escalade, il n'a pas entendu sa chute et son cri éventuel. Comment fait-il pour ne pas voir le corps quand il redescend avec les trois frères ? Par la suite, il sera rejoint par le capitaine Lucien Jacques de Dixmude, Xavier de Grunne, Pierre Nolf, Edmond Carton de Wiart, son valet Camille Charlier, son chauffeur Hubert Gysemberg, les gendarmes Veckmans, Crépin et Mansu, Alfred Hennuy, son fils Charles, des voisins, et les gardes forestiers Émile Wilmet et Émile Bouchât. Au total : dix-sept personnes au moins.

Quand on se rend sur place, le nombre d'heures passées à chercher un corps dans un lieu aussi exigu à quelques mètres de la route donne plus l'impression d'avoir dû l'éviter pour ne pas marcher dessus qu'autre chose.

Certains incriminent les taillis. C'est oublier que nous sommes en février et qu'il n'y a donc pas de feuilles. De plus, les photos, probablement du lendemain, ne montrent pas un taillis dense au point de masquer un corps. C'est le cas de la photo publiée dans *L'Histoire de Belgique* de Henri Pirenne avec la précision « Photographie prise le 18 février 1934 à 7 heures ». Il faut une bonne volonté extrême pour y voir des taillis denses et même des taillis tout court.

Ce qui est vrai, c'est que la pente à 45° ne facilite pas les choses, en particulier de nuit. Tout de même, neuf heures de recherches, c'est très long. Surtout quand on voit le site. D'autant que, selon les témoignages des acteurs présents, on avait escaladé les parois à plusieurs reprises. Comment est-on parvenu à passer à côté du corps ? Selon la thèse officielle, le long délai mis à trouver le cadavre du roi tient au fait qu'il avait roulé beaucoup plus loin qu'on ne l'avait imaginé.

Faut-il être polytechnicien pour simplement faire un effort d'imagination : un corps qui tombe sur une pente roule jusqu'à ce qu'il... s'arrête. La distance étant fonction de la hauteur de la chute, donc de la vitesse, du poids et du degré d'inclinaison de la pente (estimée à 45°, donc raide). La hauteur étant inconnue et la pente étant forte, il fallait donc chercher partout. Pourquoi ne l'a-t-on pas fait tout de suite ?

Il a d'ailleurs fallu huit heures et demie à de Grunne, un alpiniste chevronné, Jacques de Dixmude, un officier d'artillerie choisi parmi la crème et à Nolf un professeur d'université, membre de l'Académie royale et ancien ministre avant d'arriver à cette simplissime idée qui est d'imaginer que le blessé puisse être ailleurs que sur la falaise ou à ses pieds.

Lucien Jacques de Dixmude, dans ses souvenirs inédits, se contredit. Au 2e paragraphe de la page 58 de ses écrits, il note : « *Les recherches sont vaines. Je conseille de faire battre le bas, en dehors de l'endroit où nous cherchons, par les hommes qui ne savent pas grimper.* » Edmond Carton transmet l'ordre. Ce qui veut dire qu'on n'a exploré que le haut. Comment explorer le haut sans passer par le bas, d'où on vient ? Cinq lignes plus loin, au 4e paragraphe, le capitaine précise : « *En réalité, si nos recherches sont restées vaines, c'est parce qu'elles se sont dérou-*

lées uniquement sur les lieux d'entraînement habituels des alpinistes. » De Grunne n'imaginait pas que le roi ait eu l'idée d'essayer une autre paroi. Paroi que, selon lui, le roi avait gravie en sa compagnie à plusieurs reprises. Surréaliste !

D'autant qu'il ne s'agit pas de retrouver une paroi déterminée, dont tout le monde ignore la localisation précise, mais bien l'endroit où l'on peut s'attendre à trouver un alpiniste qui est tombé.

Autour de l'aiguille du Vieux Bon Dieu, il n'y a que deux ravines.

La zone des recherches n'est pas clairement précisée, mais il semble bien qu'elle se soit limitée à la ravine amont de la cheminée Louise. Il est donc très possible de déposer le corps du côté aval. Quand on cherche un alpiniste qui est censé grimper une aiguille, on cherche de part et d'autre de ce rocher. Pour preuve, la mise en route des recherches de l'autre côté aboutit dans la demi-heure qui suit.

Pourquoi le Palais et Lucien Jacques de Dixmude, qui avaient toute l'autorité nécessaire pour mettre les garnisons de Namur en alerte, n'ont-ils pas fait venir immédiatement des dizaines des soldats, de gendarmes et des projecteurs ?

Cependant, le capitaine Jacques de Dixmude aurait l'idée de faire démonter des phares de véhicules pour éclairer les lieux et un des gendarmes (Crépin) est muni d'une puissante lampe à « acétylène ».

En ratissant le terrain avec les phares, on aurait dû trouver le roi beaucoup plus rapidement.

La raison pour laquelle le capitaine Jacques de Dixmude n'a pas fait appel à une des deux casernes de Namur s'expliquerait par le fait qu'il avait demandé au comte de Patoul, maréchal de la Cour, qui il pouvait alerter. Celui-ci lui aurait répondu : « *Les gendarmes, oui, mais pas plus.* » Cette restriction est inexplicable. Le Palais n'avait-il pas confiance en la garnison de Namur ? Étrange. Quand le chef de l'État disparaît, il semble logique d'alerter un maximum de services officiels !

Pourtant, le capitaine ne fait appel qu'à la brigade territoriale de Namêche et pas au groupe territorial de la gendarmerie de Namur.

C'est Edmond Carton de Wiart qui aurait pensé à demander au capitaine Jacques de Dixmude d'aller chercher des projecteurs à la caserne du Génie à Jambes. D'évidence, c'est le monde à l'envers puisque c'est un civil qui pense à faire appel à l'armée... Mais Edmond ne connaissait pas les instructions données par de Patoul à Jacques de Dixmude. L'heure de cette demande n'est pas précisée, mais se situe un peu avant 2h du matin. Par un coup de baguette magique, peu après la suggestion de Carton de Wiart, on trouve le corps...

Pourquoi, quand on consulte les écrits relatant les faits, y a-t-il tellement de versions différentes et qui se contredisent ? Un exemple fort suffit à la démonstration. Qui a découvert le corps du roi ? On est incapable de répondre, avec certitude, à cette question pourtant extrêmement simple. Lucien Jacques de Dixmude affirme que c'est lui. De Grunne confirme. D'autres affirment que c'est le gendarme Crépin, l'échevin Alfred Hennuy et Émile Wilmet. En plus de ne pas savoir qui a retrouvé le corps, c'est le flou le plus total sur sa position. À croire que personne n'a vécu les mêmes moments.

Le cadavre du roi est retrouvé « renversé sur le dos, les mains à demi tendues vers l'avant comme pour saisir un appui ». C'est la version de de Grunne. Comment expliquer ces mains tendues vers l'avant ? Si le roi a dévissé vivant, s'il a heurté une roche de la tête, il est mort quasi instantanément et donc cette position des mains est inexplicable scientifiquement puisqu'il faut au moins une demi-heure pour que la rigidité cadavérique intervienne.

Après un tel choc, c'est donc un corps mort qui tombe avec les bras ballants. De plus, le corps roule alors sur 49 mètres avant d'être arrêté par une saillie rocheuse.

Par quel miracle, un mort qui, s'il a tendu les mains pour s'accrocher, sans parler des cabrioles de la chute, a-t-il pu rester dans sa position de départ pendant une demi-heure, le délai minimum pour être saisi par la rigidité cadavérique ?

La version de Lucien Jacques de Dixmude est, comment encore s'en étonner ?, différente. Le capitaine est plus précis : selon lui « (...) le corps du roi arrêté par un rocher en travers du ravin, la tête vers le bas, les jambes repliées, le bras gauche en arrière au-dessus de la tête. »

Le professeur Nolf, lui, précise que le roi est trouvé « les bras en croix, avant-bras demi-fléchis, les jambes demi-fléchies ».

Trois témoins oculaires rapportent trois positions différentes alors qu'ils sont censés avoir vu la même chose. Qui plus est, un corps déjà atteint par la rigidité cadavérique qui change de position, ça laisse rêveur !

Il y avait l'énigme Kennedy avec la fameuse « balle magique », une balle capable pour certains de créer plusieurs blessures en se « baladant » dans la voiture, il y a maintenant la « position magique » : un mort retrouvé dans trois positions différentes par trois personnes différentes.

La veste portée par le roi le 17 février et présentée au musée de la Dynastie possède deux caractéristiques étranges pour ne pas dire inexplicables : elle ne porte aucune trace de sang. Si le roi se fracasse le crâne sur une saillie, le sang doit gicler. Or, la tête est l'organe qui contient le plus de sang. La veste devrait, logiquement, en être maculée.

Autre curiosité : la veste est dans un état quasi neuf. Comment expliquer ça alors que le corps roule sur 49 mètres ? Seul le bas de la manche droite de la veste est un peu déchiré.

Comment expliquer le fait qu'il n'y ait qu'une déchirure ? C'est tellement évident que des récits font état de « vêtements lacérés ». Mais ils ne font qu'imaginer.

Pourquoi, une fois la dépouille retrouvée, a-t-on mis celle-ci, toute souillée de terre et de sang, dans une simple voiture, celle d'un des alpinistes ayant retrouvé le corps ? Il paraît que le cadavre déjà rigide et recroquevillé, assis sur la banquette arrière dut être soutenu tout le trajet. Et les bras du roi, qui étaient figés comme s'il voulait étreindre son voisin mettaient celui-ci très mal à l'aise. Pourquoi ne pas avoir fait venir une ambulance ou un corbillard, c'était la dépouille d'un roi quand même. Et même pour un vagabond on n'aurait certainement pas agi de la sorte...

Fallait-il éviter que le corps ne soit vu par des professionnels ? Ils auraient pu témoigner que le roi avait été blessé ailleurs qu'à la tête. Ou qu'il portait plus d'une blessure à la tête.

Pour certains, le cadavre du roi est ramené dans une simple voiture pour plus de discrétion, pour ne pas inquiéter, affoler, ou attrister la population.

Mais qu'est-ce que cela change puisque l'annonce de la mort devra être faite ?

La population sera-t-elle moins inquiète, affolée ou attristée un dimanche matin qu'un dimanche dans la nuit ? D'ailleurs, à part quelques exceptions, l'ensemble de la population dort. Si l'on recherche de la discrétion, pourquoi n'avoir pas fait appel à la 2e compagnie du 3e corps médical alors casernée à Namur ? Il ne devait pas être très difficile d'obtenir la discrétion de militaires vis-à-vis desquels l'éventail des punitions est vaste.

Mais si les militaires ne pouvaient pas s'exprimer publiquement, ils pouvaient, en revanche, se confier à leur femme, parents ou amis. Il y avait donc un risque.

Pourquoi, une fois à Laeken, la toilette mortuaire sera-t-elle effectuée sans qu'on ne fasse une autopsie ? Alors qu'il s'agit d'une mort violente ?

Pourquoi dit-on que le roi demande à son valet de s'éloigner d'une cinquantaine de mètres au moment de descendre la falaise pour entamer l'escalade du rocher ? Qu'aurait à cacher un alpiniste lors d'une escalade ? Rien, évidemment. Pourquoi cette demande alors ? La seule explication plausible de cette curieuse demande est-elle de mettre le valet hors de cause ? Pour éviter qu'il soit interrogé de façon trop serrée ? Il ne savait rien puisqu'il n'avait rien vu. Il n'avait rien vu puisqu'il n'était pas là. Et rien entendu ? Peut-on raisonnablement soutenir que quelqu'un qui tombe ne crie pas ? Pour certains oui, pour d'autres non. En tout cas, le valet n'étant pas là, la question ne sera pas d'actualité.

Pourquoi le roi gare-t-il sa voiture à Boninne, soit sur le plateau surplombant la Meuse ? N'est-il pas étrange qu'il aborde la falaise par Boninne, soit par le haut ? Pourquoi ne pas avoir garé la Ford sur la route au pied de la falaise, en bord de Meuse ? C'était quand même beaucoup plus simple.

Pourquoi est-ce Van Dijk qui est présent ? Selon les relations, par le fait que le roi n'avait que deux officiers d'ordonnance et qu'ils étaient indisponibles. L'un, le major d'artillerie Alfred Van Caubergh était malade et l'autre, Lucien Jacques de Dixmude avait reçu l'autorisation de rentrer auprès de sa femme qui venait d'accoucher. Ce qui est certain, c'est que la femme de Lucien Jacques de Dixmude n'était pas enceinte à ce moment.

En outre, c'est une erreur d'affirmer que le roi n'avait que deux officiers d'ordonnance. Ils étaient quatre : le colonel comte André de Meeus, commandant du 2e Chasseurs à pied, le lieutenant-colonel d'aéronautique baron Frédéric de Woelmont, le major d'artillerie Alfred Van Caubergh, professeur à l'École de guerre et le capitaine d'infanterie Lucien Jacques de Dixmude du 6e de Ligne.

De plus, le lieutenant-colonel d'artillerie Jean Du Four, du 14e d'artillerie, est aussi attaché à la Maison militaire.

Si un officier d'ordonnance est malade, il en reste trois disponibles ainsi qu'un attaché militaire. Dès lors, la présence de Van Dijk demeure inexplicable, en particulier parce que le valet ne sait pas conduire. Si le roi se foule une cheville ou un poignet, il ne peut pas rentrer à Bruxelles. C'est contraire à tous les principes de précaution dont le Palais est pourtant coutumier.

Pourquoi quand, un peu avant 17 h, Van Dijk s'avance dans la direction où le souverain a disparu dit-il que : « *Partout, le terrain est hérissé de tours rocheuses ou recouvert de taillis inextricables.* » Et qu'il doit s'arrêter devant les obstacles.

Si les taillis sont inextricables, comment fait le roi pour les traverser seul, mais aussi avec Van Dijk ? Pourquoi Van Dijk ne peut-il plus traverser des taillis qu'il a déjà franchis ?

Tout cela est tellement curieux qu'on supprime tout simplement cet épisode du rapport officiel. Au lieu de faire descendre et remonter Van Dijk, le valet attend le roi sur un banc.

Pourquoi Van Dijk attend-il une heure et demie, jusqu'à 17 h, alors que le roi avait précisé qu'il le retrouverait « dans une heure » ? Par discrétion ? Pourtant, le valet sait que le roi est attendu au palais des Sports d'Anvers peu après 20h. Et il doit encore regagner Laeken, manger, se laver, se changer et se rendre à Anvers... À 17 h, il est presque trop tard pour que le roi arrive à l'heure, Van Dijk le sait. Or, Albert est réputé pour sa ponctualité. Ce que Van Dijk sait aussi.

Derrière le rocher du Roi, soit le rocher du Vieux Bon Dieu, se trouve un autre pic, haut de 13 mètres, dénommé l'Inaccessible, invisible de la route longeant la Meuse. C'est ce pic que le roi aurait escaladé.

Le roi aurait-il laissé des traces ? Qui les a vérifiées ? Imagine-t-on un juge d'instruction se lancer, avec son greffier, dans l'escalade d'un piton qui fait maximum deux mètres carrés à son sommet ? Comme ils étaient tous deux inexpérimentés en matière d'escalade, il fallait donc qu'ils soient guidés par un premier de cordée. Comment auraient-ils fait pour tenir à trois, même à deux, sur deux mètres carrés ?

Cela revient à dire que l'enquête du parquet de Namur n'a pas été effectuée correctement avec des constatations sur le rocher même.

Pourtant, dans le dossier judiciaire, la pièce 50 explique que les deux juges d'instruction se rendent au sommet avec un greffier et deux experts. Ils rédigeront un procès-verbal de constat des plus curieux.

S'il a escaladé cette paroi, la voie choisie par le roi est à la portée d'un débutant. Elle ne fait qu'une douzaine de mètres. La facilité en est confirmée par un membre des instructeurs du centre para-commando voisin qui déclare que le roi est mort dans un escalier en précisant toutefois avec bon sens qu'on peut mourir dans un escalier...

Comment expliquer qu'il faut près de deux heures pour prévenir le procureur du Roi de Namur ? Même si l'on passe par le capitaine de gendarmerie de Namur, c'est très long. Au point qu'on aurait été plus vite... à pied. Or, il y a sur place au moins trois voitures. On peut logiquement penser que, même s'ils étaient de sortie, le procureur et l'officier étaient rentrés chez eux et dormaient du sommeil du juste. À moins que le procureur et l'officier ne soient de sacrés noceurs. À cette heure, 2h du matin, le motif de l'encombrement du réseau téléphonique tient du gag.

Alors qu'on fixe l'heure de la mort avec précision, le lieu de la mort n'est par contre pas déterminé dans l'acte de décès signé par plusieurs personnalités officielles. C'est curieux puisque ce lieu est connu. Même s'il ne s'agit pas de citer le rocher exact, chaque caillou ne porte pas de nom, pourquoi ne pas avoir donné comme lieu de décès le rocher du Vieux Bon Dieu ou au moins le nom de la commune ? Parce que ce n'est pas là que le roi est mort ?

Une croix, encore visible aujourd'hui, est placée à l'endroit exact où le corps a été retrouvé, cet endroit est visible de la route.

La photo publiée directement après le drame dans Pirenne précise : « *Endroit où fut trouvé le corps du roi Albert* », sans que cet endroit ne soit marqué sur la photo. Mais il est manifestement beaucoup plus bas que la croix actuelle. Pourquoi avoir remonté l'endroit de l'impact d'environ 40 mètres ? Pour le rendre inaccessible au public et, en tout cas, assez lointain par rapport à la route pour qu'on ne puisse rien voir ?

Pourquoi, au moment de l'annonce et de la convocation de la presse au palais, les journalistes sont-ils reçus dans une pièce en désordre où traînent les traces du drame ? Comme si, chez un banal particulier on n'avait pas eu le temps de ranger les choses, alors que jusqu'à preuve du contraire un palais regorge de personnel pour tout ranger ou de nombreux salons qui permettent d'éviter les scènes de désordre.

Au fur et à mesure que l'on pénètre dans ce dossier, on a le sentiment que la version officielle était un montage. Il y a trop d'anomalies, trop de détails qui clochent, trop de manques de présence d'esprit, trop de contradictions pour un accident, somme toute, assez simple : un alpiniste grimpe, s'accroche à une roche instable, tombe et se tue.

Pourquoi une telle quantité d'anomalies pour expliquer ce qui ne serait qu'un fait divers banal si la victime n'était pas le chef de l'État ?

En lisant et relisant les relations du drame, on a le sentiment qu'on ne dit pas la vérité. Naturellement, pour une affaire de cette importance, il fallait enquêter, confirmer. Et plutôt deux fois qu'une. Comment expliquer que personne ne se soit inquiété de ces invraisemblances avant de nombreuses années ? C'est assez facile à comprendre. La personnalité des intervenants : un officier de la Maison militaire du Roi, fils d'un héros de l'Yser ; le secrétaire général du Club alpin belge, comte de surcroît ; une sommité médicale, professeur d'université et ancien ministre. Qui, au moment des faits, aurait osé se lever contre des témoins, pas oculaires certes, mais présents lors des recherches ? Et des témoins de cette qualité. Si on ajoute à cela la vénération dont le roi était l'objet, on comprend que personne n'ait osé mettre ouvertement la version officielle en doute.

N'oublions pas qu'elle est confirmée par le parquet de Namur. Qui va dire à deux magistrats « Vous mentez ! » ? Qui, surtout, est capable de le prouver sans avoir accès au dossier judiciaire ? Il y a aussi la crainte de toucher à deux tabous : la mort et la royauté. Crainte aussi de ne pas convaincre et, dès lors, de passer pour un fou à lier. Qui est volontaire ?

Ce qui est dommage, c'est que l'absence d'enquête officielle sérieuse a laissé la place à tous les fantasmes et à la rumeur populaire. Une rumeur populaire qui prouve, dans le cas présent, qu'on a raison de prétendre qu'il n'y a pas de fumée sans feu.

Comme nous venons de le voir, les circonstances du drame étant loin d'être clairement établies. Depuis lors, de multiples hypothèses concernant le mort du roi ont vu le jour.

On a invoqué un assassinat en pointant notamment du doigt l'Allemagne où Hitler venait d'obtenir les pleins pouvoirs. Mais Hitler, qui n'a craint ni l'Angleterre ni Staline ni même Roosevelt, se serait senti obligé d'éliminer le roi d'un minuscule pays ? On a aussi évoqué un suicide, à une période où le roi était soit déprimé, soit aurait eu des ennuis d'argent. Mais un suicide aurait été rapidement constaté et n'aurait pas nécessité une mise en scène prenant du temps, il n'aurait pas non plus empêché une autopsie, se fracasser le crâne de dépit ou par accident ne change pas la fracture.

Par contre un assassinat, par un mari jaloux ou par une maîtresse éconduite, il faut du temps pour réagir, dissimuler le tout et surtout une balle dans la tête ne donne pas les mêmes résultats à l'autopsie qu'une fracture due à une chute…

L'amour tue

Ainsi, si on ne peut nier que les zones d'ombre sont trop nombreuses pour que l'on accrédite la thèse du banal accident, ou du suicide, la raison la plus logique, celle qui s'impose le plus facilement à l'esprit, c'est le meurtre par un mari jaloux.

Albert Ier aurait ainsi pu être la victime d'un mari jaloux n'importe où dans le royaume avant d'être transporté à Marche-les-Dames ou encore d'un mari jaloux résidant dans la région où fut retrouvé le corps. On a notamment pensé au comte Carton de Wiart dont le château de Brumagne se trouvait à peu près en face du rocher fatal de Marche-les-Dames. On a aussi évoqué le fait qu'au château de Boninne, en face duquel le roi avait stationné sa voiture le jour fatidique du 17 février 1934, habitait une jolie veuve que le roi aurait fréquentée... Une autre rumeur prétendit aussi que le roi, ce jour-là, était en visite galante dans un château de la région d'Ath…

En conclusion, ce couple que d'aucuns ont voulu voir comme presque mythique dans l'Histoire de notre royauté ne fut en fin de compte que dans la lignée de ceux qu'avaient formés *Léopold* II et Marie-Henriette précédé par celui de Léopold Ier et de Louise-Marie, deux personnes donnant simplement l'apparence d'une vie en commun, mais dans les faits vivant séparées l'une de l'autre.

Une différence notable cependant : contrairement aux couples royaux précédents, ici, c'était la femme qui menait le bal.

Léopold III et Astrid

et quelques autres...

Le prince parfait

Lorsque Léopold II succède à son père le 23 décembre 1934, le moins que l'on puisse dire est qu'il est plus que préparé pour la place qu'il doit occuper. Son père, on s'en souvient, avait été traumatisé lorsqu'il avait, à sa plus grande surprise, pris la place de son frère Baudouin dans la succession au trône de Belgique. Il a donc veillé à donner une éducation parfaite à son fils aîné. Léopold III était donc, entre autres, cultivé, fort en math et parlait parfaitement le néerlandais. Léopold III avait veillé à adjoindre à cette formation intellectuelle une formation physique et militaire faisant sien le vieux proverbe latin de Juvenal: «*Mens sana in corpore sano*».

De son côté, si Léopold s'était appliqué autant, c'était certainement pour ne pas décevoir celui à qui il vouait une admiration immense, celui que le pays considérait comme un héros: son père. Visiblement, les buts d'Albert furent atteints.

On décrit en effet le prince Léopold comme un homme courageux, ambitieux et très charitable. Il avait en plus un sens de l'amitié rare et une oreille des plus attentives. Ce qu'il voulait avant tout mettre en avant, c'était sa loyauté. Léon Cattoir le décrira comme tel : « Un homme droit ne supportant pas le mensonge ».

Butinons, butinons

Mais, à nouveau, hormis dans les contes de fées, les princes aussi parfaits soient-ils ont des petits défauts. Il devait donc en aller de même pour Léopold. Et sa petite faiblesse à lui, bon sang ne saurait mentir, elle va être les femmes, comme d'ailleurs pour ceux qui l'ont précédé sur le trône de notre royaume. Il faut dire qu'il va recevoir l'aide de son physique car, en plus d'un cerveau et d'un corps bien fait, le prince était très bel homme.

Cette attirance pour les femmes sera confirmée plus tard par Henri De Man, le président du Parti ouvrier belge, un ami proche et le conseiller qui influença peut-être le plus Léopold III lors de la capitulation en mai 1940. De Man parlera des envies sexuelles du roi : *« Plusieurs fois, le roi orienta nos conversations dans une direction qui semblait annoncer des confidences intimes qu'il avait mani-*

festement envie de faire, puis supprimait au dernier moment. » Ou encore : « *Il me parla par exemple de questions de beauté féminine, de la "noce" à Paris… en des termes qui devaient me faire supposer que les questions sexuelles le préoccupaient beaucoup.* »

Léopold fait sa cour à Mafalda

En 1922, la formation militaire du prince héritier est terminée. Il est nommé sous-lieutenant et intégré, comme la tradition le veut, au premier régiment de grenadiers.

Le 3 novembre de cette même année, Léopold atteint sa majorité qui, souvenons-nous, était à l'époque fixée à 21 ans. Selon les dires d'Albert, Léopold souhaite fortement se marier, en d'autres mots, le jeune homme veut une femme. Il est donc temps de lui chercher une épouse.

Selon une règle non écrite, mais bien établie à l'époque, l'épouse du prince héritier doit venir d'une famille régnante. On passe donc en revue à Laeken le catalogue de ce qui est disponible sur le marché et une des premières à retenir l'attention d'Albert et de ses conseillers c'est la famille qui porte la couronne d'Italie. Longtemps tenue à l'écart des autres dynasties parce que considérée comme illégale sur un trône usurpé aux monarques autrichiens, la maison de Savoie est désormais honorable, tout cela est maintenant de l'histoire ancienne.

Les contacts sont pris, l'affaire rondement menée sort dans la presse début 1923 et le monde entier apprend ainsi que Léopold, futur roi de Belgique, devrait prochainement épouser la princesse Mafalda, fille de Victor Emmanuel III d'Italie. On pense l'affaire faite et le prince casé. Que neni, tout s'écroule, on est allé un peu trop vite en besogne ! Le représentant du Pape à Bruxelles se charge d'un courrier confidentiel à une autre éminence italienne à Rome pour faire part de la rupture entre les promis. Passer par le canal pontifical fait plus sérieux et permet de mettre l'abandon du projet sur une opposition signifiée par le Pape. Dans les faits, la raison est tout autre, ça n'a tout simplement pas accroché entre Léopold et Mafalda. Celle-ci n'est absolument pas attirée par un prince qu'elle juge timoré et froid.

Mafalda espère épouser le beau prince Nicolas de Roumanie mais là non plus l'union ne se fera pas et elle finira par jeter son dévolu sur Filips, landgrave de Hessen-Kassel. Ce qui ne lui porta pas vraiment chance. Son mari devint un membre éminent du parti nazi et, par la suite, ses liens avec la famille royale d'Italie ont été instrumentalisés par Hitler pour se rapprocher de Mussolini. Mais vers la fin de la guerre, Hitler, dans ses délires de folies, finit par penser que la princesse Mafalda avait comploté pour faire chuter le Duce. Son mari fut alors emprisonné par Hitler. Mafalda reçut un coup de téléphone de l'ambassade d'Allemagne à Rome lui disant qu'ils avaient des nouvelles de son époux. Mais c'était un guet-apens car, une fois dans les locaux de l'ambassade, elle fut arrêtée et transférée en Allemagne où elle subit de violents interrogatoires avant d'être internée dans le camp de Buchenwald. Quand celui-ci fut bombardé, elle fut blessée grièvement au cou et à un bras. Celui-ci s'infectant, on dut l'amputer mais elle ne survécut pas à cette opération et décéda le lendemain.

Dans les brumes du Nord

Le Palais ne voulant pas que Léopold se disperse de manière volage durant jeunesse, on se remet au travail afin de lui trouver une nouvelle candidate au mariage. Cette fois-ci, ce n'est plus vers le sud que se tournent les conseillers et la famille mais vers le nord, vers les contrées enneigées de la Scandinavie.

L'heureuse élue se nomme Astrid Bernadotte, c'est la fille du prince Carl de Suède et de la princesse Ingeborg du Danemark et la nièce du roi de Suède Gustave V. Elle est aussi la descendante de Jean-Baptiste Bernadotte, ce jeune sergent de Pau qui devint maréchal, prince d'Empire puis roi de Suède.

On ne sait pas grand-chose sur leur première rencontre. Il est toutefois généralement admis que celle-ci ne fut pas le fruit du hasard, mais qu'elle fut en réalité minutieusement préparée par la maison royale de Belgique ainsi que par celle de Suède.

Une rencontre en toute intimité, clandestinité serait peut-être plus juste, aurait alors été arrangée à Stockholm en 1927 d'une part par le Cardinal Mercier, homme de confiance de la famille royale et d'autre part par l'archevêque d'Uppsala, Söderblom, un proche de la couronne de Suède. Élisabeth, adepte du « faites ce que je dis, pas ce que je fais », mena au préalable un vrai travail de fond sur son fils préféré concernant les bienfaits de l'amour avec un grand A et du mariage.

Il faut dire que le challenge était de taille, il fallait un couple hors du commun car les Belges, peu au courant des dessous de la monarchie, s'étaient habitués à avoir un couple hors norme à leur tête, un couple de héros. Ils n'auraient pas compris que cela change.

Et Cupidon, semble-t-il, fut lui aussi de l'entrevue. Il faut dire que les deux jeunes gens sont très beaux et sans doute le trouble apparent d'Astrid, lui faisant faire quelques gestes un peu gauches, a-t-il attendri le volage Léopold. Et de rendez-vous en rendez-vous, puis de voyage en voyage, le Palais finit par annoncer officiellement les fiançailles du beau prince et de la belle princesse.

Il existe une version plus romantique de leur rencontre, à en croire certains proches du Palais, qui veut que la rencontre ne fut en aucun cas arrangée et se déroula par hasard en 1925 mais les témoignages de la sœur de Léopold, Marie-José et de sa tante, Henriette, vont tous deux dans le sens de la rencontre organisée sous le haut patronage d'Élisabeth.

Arrangée ou non, l'important finalement est que l'amour soit au rendez-vous et ce fut bien le cas à en croire une lettre envoyée par Léopold à sa mère :

« Ma bien chère maman, inutile de vous dire combien nous sommes heureux (...), j'ai de la peine à écrire plus lisiblement car elle est sur mes genoux. »

On peut se demander à la lecture de cet extrait de lettre si l'amour entre les deux jeunes personnes n'en était déjà plus aux doux regards et chastes baisés. Cela en tout cas importa peu à leur entourage qui était très heureux, et Élisabeth tout particulièrement, de ce prochain « mariage d'amour ».

Et en effet, ils se marièrent

C'est le 4 novembre 1926 que Léopold et Astrid se dirent « oui » civilement à Stockholm. Si tout pouvait se dérouler sans problème au niveau civil, cela ne fut pas le cas pour la partie religieuse. En effet Astrid, était luthérienne alors que nos souverains étaient quant à eux catholiques, ce qui rendait d'office impossible toute union devant Dieu. C'est donc le pape en personne qui débloqua la situation, en encordant une dispense spéciale au couple princier à condition que les enfants à venir soient baptisés selon la foi catholique.

Le mariage religieux se déroulant en Belgique. C'est dans la liesse et l'euphorie que le peuple belge accueillit sa nouvelle princesse, à Anvers, quelques jours après le mariage civil soit le 7 novembre. Et ils en eurent pour leur argent les braves belges !

Astrid et Léopold se lançant l'un vers l'autre et s'embrassant aux yeux de tous. Un acte pour le moins osé pour l'époque et très atypique de la part de gens issus d'un monde qui se doit d'être en permanence dans la retenue. Cela, bien au contraire, n'offusqua personne, les médias en tête se réjouissant de l'image de spontanéité et d'accessibilité que donnaient les tendres tourtereaux. Cet aspect sympathique ne fut pas démenti par l'usage et très rapidement Astrid, par sa grande beauté, sa disponibilité, sa gentillesse et ses efforts pour apprendre nos deux langues nationales, devint très populaire auprès des Belges qui virent en elle une nouvelle princesse idéale.

Le couple de l'amour parfait, de l'amour inébranlable, de l'amour exemplaire se devait de devenir une famille tout aussi parfaite. Trois enfants virent le jour : Joséphine-Charlotte, née au cours de l'année 1927, suivie de Baudouin trois années plus tard et enfin d'Albert, en juin 1934. Et le couple princier devint royal en 1934, au décès d'Albert.

Chassez le naturel…

Cependant, très tôt, il y eu des rumeurs qui circulèrent, venant un peu égratigner l'image bien lisse de ce bonheur. Le prince Léopold aurait quand même fini par succomber à nouveau aux petits travers donjuanesques de sa jeunesse et serait allé voir ailleurs. Le bonheur bien visible du couple ne pouvant qu'attirer les jalousies, on ne prêta pas beaucoup d'attention à ces bruits malveillants qui pourtant trouveront plus tard leur confirmation.

Une fin tragique

Ce ne sont pas les ragots qui vont avoir raison du couple, mais le destin. Le 29 août 1935, le chagrin des Belges est immense quand ils apprennent la mort d'Astrid. Pour tout un pays, le conte de fées s'arrêta ce jour-là brutalement, à Küssnacht en Suisse, dans un accident de voiture d'autant plus tragique que c'était Léopold qui était au volant du roadster décapotable.

SI le choc est profond pour les Belges, il l'est d'autant plus pour Léopold, l'accident étant survenu suite à un moment d'inattention de sa part. Alors qu'il regardait la carte routière que lui présentait Astrid, il quitta la route des yeux quelques secondes qui suffirent pour que leur voiture heurte les arbres du bas-côté et finisse sa course folle par une série de tonneaux.

On s'en doute, Léopold se reprochera ces quelques secondes d'inattention tout le reste de sa vie et il ira même jusqu'à demander que la voiture maudite soit coulée au fond du lac de Quatre Cantons tout proche du lieu de l'accident.

Le 3 septembre 1936, les funérailles d'Astrid permirent à tout un peuple et à son roi visiblement très accablé de rendre un dernier hommage à cette reine venue de Suède et qu'ils aimaient tant.

Un veuf éploré qui se console comme il peut

À la suite de l'accident et du décès de sa femme, on ne parla plus que d'un roi déprimé au plus haut point, inconsolable, plein d'amertume et de mélancolie. Un veuf abattu, triste, préférant rester seul à broyer du noir, ayant perdu tout goût à la vie. Les serviteurs du château confieront avoir souvent entendu le roi pleurer, inconsolable d'être responsable de la mort de son épouse.

Mais la suite sera un peu différente de ce qu'on a toujours raconté. Si en effet le roi est sincèrement attristé et affligé par l'accident qui coûta la vie à sa femme, il n'en est pas pour autant devenu un veuf reclus, coupé du monde. Il cherche rapidement une ou disons des femmes pour le consoler.

Une maîtresse dans les bras de laquelle Léopold aurait trouvé du réconfort aurait été Francesca Rosenwald. Cette dernière n'était autre que la troisième femme de Walter Rummel. Et qui donc était Walter Rummel si ce n'est un des supposés amants d'Élisabeth dont nous avons parlé plus haut.

Juste après la mort d'Astrid, Léopold avait fait la connaissance, par l'intermédiaire de sa mère (!), avec ladite madame Walter Rummel. Leur liaison durera certainement pendant trois années, allant de 1935 à 1938. Pour d'autres, elle aurait continué jusqu'en 1941.

Pour faire court, le fils de la reine Élisabeth aurait eu des relations avec l'épouse d'un amant de sa mère. Voilà une façon pour le moins originale de venger son père...

Léopold hébergera le couple Rummel dans une demeure de la capitale, à la rue de La Laine plus exactement. Il ne fait que suivre les habitudes de son arrière-grand-père Léopold Ier et de son grand-oncle Léopold II qui, tous deux, aimaient à avoir leur maîtresse « sous la main ».

Un parlementaire britannique de sang belge

Novembre 1937, le Royaume de Belgique doit aller saluer de manière tout ce qu'il y a de plus protocolaire celui de Grande-Bretagne. Il faut officiellement, au bout d'un temps, entretenir nos bonnes relations avec, notamment, le principal garant de notre indépendance. Tout se passe bien, l'accueil est chaleureux et, attrait supplémentaire lors de cette escapade, on présente à notre roi une superbe Lady anglaise du nom de Rachel Wrey. Immédiatement, ce cœur d'artichaut succombe au charme de la belle. Une candidate à la succession d'Astrid ? Malheureusement non, la gente dame est mariée à un noble anglais du nom de John Verney qui porte le titre de vingtième baron Willoughby de Broke.

Qu'à cela ne tienne, nos souverains ne sont pas jaloux et les mariages, hormis les leurs, n'ont rien pour réfréner leurs ardeurs.

Quelques semaines passent et déjà Léopold franchit à nouveau la Manche mais accompagné de sa mère. Les journalistes évoquent la piste du re-mariage et mettent en avant, comme possible candidate, Anne Cavendish, la fille du duc de Portland. Ils se trompent, mais à moitié seulement. Il y a bien du mariage là-dessous, mais pas pour

Léopold, pour Charles qui lui aussi est du voyage mais dans le plus grand anonymat, car c'est lui que l'ont veut faire convoler en justes noces. Si la mission échoue, ladite Anne restant imperméable au charme du prince belge, Léopold, lui, profite de son séjour anglais pour revoir Rachel Wrey. Ce voyage sera suivi par la suite de plusieurs autres au point de voir les journaux anglais et ceux du continent s'étonner de ces nombreux séjours non officiels.

Pendant que les chasseurs d'infos se posent des questions, la charmante Rachel tombe enceinte et, en septembre 1938, donne naissance à un fils qui, comme c'est étrange, reçoit dans ses divers prénoms celui de Léopold... Aujourd'hui, celui qui est en titre le vingt-et-unième baron Willoughby siège au parlement britannique. Cela après avoir fait ses études comme Baudouin, Albert II ou Delphine Boël, au sein de la fameuse école « Le Rosey » en Suisse.

Alors que notre bon Léopold venait certainement de faire cocu un noble anglais, à peine 1938 entamée, il cède, ce coeur de beurre, à l'attirance qu'il a pour une autre belle femme, la baronne Catherina Creutz. Celle-ci, par commodité, est l'hôte tout ce qu'il y a de plus officiel du roi dans la villa royale d'Ostende.

Enfant caché ou pas ?

Si une fois veuf, comme nous l'avons vu, Léopold trouve son plaisir ou se console comme il peut, des rumeurs plus accablantes cette fois vont aussi voir le jour. Il n'aurait pas attendu la mort de sa femme pour aller voir sous d'autres jupons. Le mariage célébré en 1926 n'aurait pas calmé longtemps les ardeurs de notre souverain.

Bien des décennies plus tard, une affaire judiciaire viendra, en effet, assombrir l'image du couple idyllique. Dans les années 2000, des enquêteurs fouillent la demeure d'un certain Edmont Bajart, président de Veeweyde, une des plus importantes et plus anciennes sociétés de protection animale de Belgique, qui est suspecté de malversations financières. Parmi les documents liés à l'enquête, il en est qui n'ont rien à voir avec celle-ci mais qui étonnent. Il y a, entre autres, des papiers appartenant à Willy Weemaes qui fut dans le passé le secrétaire de cabinet de Léopold III et parmi ceux-ci une étonnante lettre rédigée par une des dames suédoises de la suite d'Astrid et adressée à Léopold.

Elle y dit à ce dernier qu'elle ne veut plus demeurer au Zoute après son mariage et que son époux a adopté leur fille. La lettre ne dit bien entendu pas explicitement que Léopold est le père de cet enfant, mais avouons qu'il ne faut pas être Sherlock Holmes pour arriver à une conclusion pour le moins gênante pour l'époux d'Astrid...

On lui prête aussi une liaison en 1928, et de cette liaison serait né, le 18 avril 1930, un garçon du nom de Michel Didisheim.

Comme c'était le cas pour les enfants cachés d'Albert, et pour notre noble anglais, ici aussi les arguments en faveur de cette thèse sont la grande ressemblance physique entre ce garçon et Léopold mais aussi avec l'autre supposé fils de Léopold, le vingt-et-unième baron Willoughby.

À cela s'ajoute le fait que Michel Didisheim deviendra très proche de la famille royale en occupant le poste de chef de cabinet du prince Albert de Belgique. Les deux hommes se montreront d'ailleurs toujours très complices. Michel Didisheim sera aussi fort proche de Baudoin qui lui demandera d'ailleurs de créer la fondation qui porte son nom.

Autre élément troublant, en 2008, à l'âge de 78 ans, Michel Didisheim se lance dans l'écriture. Le sujet de son roman historique, *Tu devais disparaître*, s'il est passionnant et très bien écrit n'en raconte pas moins l'histoire vraie de Valeria, un enfant royal caché. Descendante de la reine Victoria, à laquelle son père, le duc Albert de Schleswig-Holstein, a écrit dix jours avant de mourir : « Tu es mon enfant naturel, j'ai juré de ne jamais révéler qui était ta mère, n'essaye pas de savoir. À l'époque, tu devais disparaître... » Bien entendu, des questions posées dans le livre ont découlé sur d'autres, à propos de l'auteur de ces pages. Il n'a pas manqué de personne pour dire que le choix de ce sujet relevait moins du hasard que de la psychanalyse et qu'il était dans les faits comme une ultime tentative pour l'auteur lui-même de faire la vérité sur sa vie. Un des plus importants magazines flamands, Humo, n'a, en tout cas, pas hésité à titrer en première page, après une interview de l'auteur : « Le frère caché d'Albert et Baudouin ».

Dans l'entourage royal, le colonel Noël Vaessen, un ancien conseiller du prince Laurent, qui fut condamné en 2007 pour détournement d'argent, et désirant peut-être régler des comptes, dans un livre de mémoires écrit que Michel Didisheim se prévalait d'être le fils caché du roi Léopold III. Dernier détail dont certains font mention pour prouver cette filiation, Michel Didisheim a été anobli en 1996.

Toutefois, ce dernier récusera toujours cette rumeur courant dans les milieux de la noblesse et les salles de rédaction, déclarant notamment : « *Je connaissais bien évidemment ces rumeurs et contre des rumeurs on est totalement impuissant mais je voudrais simplement rappeler que je suis le fils de René Didisheim et de Claire Maigret de Priches. Punt, aan de lijn ! Dans le même ordre d'idées, je suis consterné de constater qu'alors que je dis le contraire dans l'interview que j'ai accordée à un de ses journalistes, l'hebdomadaire Humo se soit permis de titrer à la Une que je suis le frère caché d'Albert et de Baudouin. Alors que l'interview a été retranscrite très fidèlement, cette contradiction pourrait m'amener à réagir comme il sied...* »

Un peu de sport… en chambre

Parmi les dames auprès desquelles Léopold rechercha du réconfort, on cite souvent le nom de Liselotte Landbleck. Un auteur flamand du nom de Léo Van Audenhaege a secoué le landernau belge lorsqu'il a sorti une information concernant l'existence d'une fille cachée de Léopold III. Encore une fois, cette information n'était pas totalement neuve mais c'était la première fois qu'on la développait autant. Maintenant, on en sait plus sur cette Ingeborg Verdun, née en décembre 1940, dans une maternité anversoise.

Van Audenhaege a rencontré aussi bien la mère que la fille et toutes d'eux lui auraient confirmé, même si c'est avec des sous-entendus le fait que le Roi, alors marié, et Liselotte, ait eu une relation. Il faut retourner à l'hiver 1939, un hiver particulièrement rude qui voit les étangs du domaine de Laeken se geler et donner l'envie aux enfants du roi de s'adonner au patinage. Il faut un moniteur et le Palais s'adresse à cette championne de patinage artistique d'origine autrichienne. À peine est-elle arrivée au domaine royal qu'immédiatement c'est le coup de foudre entre le roi et elle. Pendant plus de quatre mois, ils vont avoir une relation, cela jusqu'à ce que la reine Élisabeth siffle la fin de la partie, ordonne à son fils de mettre fin à cette relation et de se préoccuper de ce qui plane au-dessus de leurs têtes...un possible conflit mondial.

Un enfant avec une patineuse ? Impossible

Beaucoup d'historiens s'accordent pour dire que les témoignages repris par Van Audenhaege sont insuffisants pour prouver cette filiation. Car ils sont déformés par la distance et ils manquent des pièces d'archives. Voilà qui semble pourtant logique quand une famille, qui plus est est puissante, veut cacher quelque chose.

Pourtant un autre enfant de Liselotte, son fils né bien plus tard déclarera : « *On peut difficilement dire qu'ils avaient une relation : ils se sont vus quelques fois. De ces relations est né un enfant en décembre 1940, que le roi n'a pas reconnu. Autour du roi, le milieu diplomatique a fait clairement comprendre [à ma mère] que ma sœur n'était pas souhaitée. Ce fut dur pour elle, très dur.[…] Un peu plus tard, le Roi a complètement rompu le contact avec elle.* »

Ingeborg, elle, a confié avoir appris à 50 ans de la bouche de sa mère que son père n'était pas son père biologique. « *Je savais que quelque chose clochait, mais je n'arrivais pas à mettre le doigt dessus. J'avais 50 ans quand j'ai appris pour la première fois que mon père n'était pas mon père. Cinquante ! Savez-vous ce que cela signifie ? Ma vie a été dévastée.*

J'ai eu une vie gâchée. » À propos de son supposé royal papa elle dira : « *Je n'ai jamais rencontré ce type. D'après ce que je sais, ma mère ne l'a rencontré que rarement après ma naissance.* »

Van Audenhaege rapporte que le personnel et le gynécologue de l'hôpital d'Anvers ont vu que, après la naissance d'Ingeborg, la chambre de Liselotte était remplie de fleurs envoyées de Laeken et qu'il y avait en plus une photo dédicacée de Léopold.

Un amateur de patinage, qui collectionnait les photos des grands patineurs, avait demandé à Liselotte si c'était bien elle qui avait donné cours aux petits princes. Celle-ci répondit que oui et en parlant lui montra une photo de Ingeborg jeune qui, selon lui, avait la visage de Léopold.

Dernier détail encore une fois des plus troublants : que vient faire le prénom de « Léopold » parmi les autres prénoms d'Ingeborg ?

Selon le journaliste Jacques Noterman, Léopold III est encore le père d'au moins trois autres enfants naturels : « Un commissaire de po*lice bruxellois, un journaliste de télévision à la pension et encore un troisième enfant qui vit en Italie.* »

La liste des conquêtes ou supposées telles de Léopold est bien plus longue mais, qu'en dire de plus à partir du moment où personne n'était dans le secret des alcôves ? On en saura peut-être plus et, qui sait, peut-être tout quand, en 2033, on pourra avoir accès aux notes de la reine Élisabeth qui, parait-il, consignait tous sur les amours de son fils.

Et puis, quand il n'y avait personne à séduire...

122, rue de Provence

Ses idées noires après la mort d'Astrid, Léopold les chassera dans des lieux bien particuliers... On le voit de plus en plus fréquenter des endroits que la morale de l'époque réprouvait au plus haut point, ceux où les plaisirs de la chair se paient en argent.

Si le roi n'estime n'avoir aucun compte à rendre quant à ses activités coquines, il n'en fait pas non plus étalage et c'est dans la plus grande des discrétions qu'il vaque à ses nouvelles coûteuses occupations.

C'est grâce aux mémoires d'une certaine Fabienne Jamet qui en fut la tenancière que l'on sait qu'une des maisons closes préférées de Léopold était le célèbre et parisien « One two two ». D'après ses écrits, Léopold s'y rendait régulièrement en compagnie, entre autres, du célèbre constructeur automobile Jean Bugatti, le fils d'Ettore, ou de l'un ou l'autre noble de notre bon royaume.

C'était un lieu fréquenté où l'on allait surtout pour faire d'agréables rencontres avec de jeunes pensionnaires. Notre roi y était en bonne compagnie car on y croisait aussi bien un prince afghan que le maharadjah de Kapurthala et sa suite, ou encore l'Aga Khan (dont on peut se demander ce qu'un imam des ismaéliens Nizârites faisait là), Randolph Churchill, le fils de Winston, mais aussi l'escroc Alexandre Stavisky et des célébrités du monde du spectacle comme Raimu, Fernandel, Tino Rossi, Sacha Guitry, Jean Gabin, Chaplin, Cary Grant ou encore Humphrey Bogart.

À ce que l'on sait, les clients aimaient à pratiquer la spécialité du lieu, le fameux « voyage autour du monde », qui consistait à pratiquer des figures inspirées par le Kama-Sutra, dans les vingt-deux chambres, chacune décorée comme des décors de cinéma, pour faire un tour du monde de tous les plaisirs érotiques. Chaque chambre avait ses femmes, mises en valeur sur des socles, avec des costumes et des éclairages. La chambre de torture du Moyen Âge, avec carcans, chaînes et fouets, celle des supplices avec mise en scène de crucifixion, mais aussi la cabine de paquebot transatlantique, la cabine de l'Orient Express, avec le son des trains enregistré, le grenier à foin, la chambre igloo, la chambre provençale, la chambre champêtre, la chambre égyptienne avec Cléopâtre (excusez du peu), la chambre romaine avec ambiance d'orgie bien entendu, la chambre grecque, à l'antique au milieu des colonnes, la chambre Renaissance avec les courtisanes de François Ier, même les galeries des glaces, comme un petit Versailles avec d'immenses miroirs pivotants et, clou du spectacle (ou douche froide pour certains ?), la chambre corsaire, avec un lit à baldaquin qui tanguait avec le roulis, un mât pour s'accrocher et raffinement suprême (?) des jets d'eau de mer envoyé à grands coups de seaux par des assistantes. Il devait s'amuser notre bon souverain.

Toujours selon Madame Fabienne, il aurait cherché de la compagnie chez elle entre 1936 et 1940, laissant sous-entendre que le début de la guerre ne joua en rien sur les ardeurs du roi.

En 1940, les Allemands envahissent notre pays. Pendant les années de guerre, les nazis soigneront bien notre roi « prisonnier ». Pour lui être agréables, les nazis lui fournissent des prostituées (allemandes). Et quand il veut retourner au célèbre « One two two », qui n'a nullement fermé mais est devenu le lieu de détente de nombreux officiers de l'Armée allemande, il le fait en compagnie du colonel allemand qui lui servait de « geôlier ». Cela d'autant plus volontiers qu'il semblerait que les nazis furent rapidement au courant de cette faiblesse royale et qu'ils ne manquaient pas de lui faire cadeau des services de filles pas très farouches avec, bien entendu, comme but de s'attirer les faveurs du souverain. Même en 1940, lorsque Léopold demande à discuter avec Hitler, il est à nouveau en agréable compagnie.

Au sujet de notre roi, Canaris, le chef de la Sûreté allemande durant l'occupation, a déclaré, quand on l'interrogeait, qu'il avait rendu service à Léopold III en remplissant « *certaines missions de caractère privé* » à Knokke et à Berchtersgaden, ces missions n'étant rien d'autre que fournir au roi des femmes payées pour être « agréables ».

On se calme maintenant…

La reine Élisabeth commençait à trouver que les aventures amoureuses de son fils, ses escapades coquines à Paris, les professionnelles du sexe fournies par l'occupant, tout cela faisait désordre et rendait le roi instable. La solution était simple pour elle : il fallait qu'il trouve une nouvelle compagne et qu'il se remarie. Il était aussi temps de donner aux trois orphelins royaux une nouvelle présence féminine et maternelle. L'obligation de choisir une femme dans une famille régnante n'étant plus de circonstance, car l'avenir de la couronne était assuré. Le meilleur choix qui lui apparut était celui d'une superbe jeune femme du nom de Lilian Baels. Elle était issue de la haute bourgeoisie ostendaise, avait quinze ans de moins que Léopold et son père était, ou avait été, occupé aux fonctions les plus importantes : avocat, industriel, échevin, député, ministre, et gouverneur de la province de Flandre-Occidentale.

Même si les Belges n'étaient certainement pas prêts à remplacer Astrid dans leur cœur, il fallait trouver une solution. Élisabeth est donc passée à l'action en invitant la jeune Lilian à Laeken et ces rencontres la confortèrent vite dans l'idée que cette demoiselle âgée de 24 ans serait une bonne candidate à une union avec son fils.

Avant d'être présentés l'un à l'autre officiellement par Élisabeth, Léopold et Lilian avaient déjà eu l'occasion de se croiser lors de divers évènements. La première fois, ce fut lors de la revue des troupes par le roi Albert en 1933 alors que Léopold défilait. Puis, deux ans plus tard, à Ypres lors de l'inauguration des halles restaurées dont Léopold présidait la cérémonie. En 1937, ils se sont également aperçus pendant une cérémonie à Newport et deux ans plus tard lors d'une Garden Party.

En 1940, la tension internationale, l'entrée en guerre, la débâcle de 40, l'occupation du pays n'y changent rien, Élisabeth, nous l'avons dit, n'en peut plus des égarements amoureux de son fils préféré.

Entre Léopold et Lilian, au fil de leurs rencontres qui se succèdent, se tisse rapidement un lien. Il faut dire que Lilian est superbe et ne peut que donner envie à l'amateur éclairé qu'est Léopold. De plus, tous les deux dotés d'une grande intelligence et partageant des passions communes, tout est réuni pour que la passion naisse. Et elle nait sous la protection dissimulatrice d'Élisabeth qui laisse leur amour s'abriter dans différents endroits appartenant à la famille royale.

Le conflit de 1940 va séparer Léopold de sa bien-aimée, car les Baels, père en tête, fuient vers la France. Henri Baels était pourtant, comme gouverneur, censé ne pas abandonner sa province...

La défaite consommée, le roi décide de rester en Belgique avec son peuple et avec le même régime de prisonnier que ses soldats. On a déjà vu que les escapades à Paris ne relèvent pas du régime d'incarcération le plus strict, la suite non plus.

Lilian est toujours en France avec ses parents et Léopold, se languissant, début 1941, Élisabeth envoie son chauffeur personnel la chercher. Le but de la manœuvre est pour le moins prosaïque : « distraire son fils ». Officiellement, pour sauver les apparences, Lilian doit s'occuper de l'éducation des enfants. La jeune Lilian emménage dans un appartement de famille à Bruxelles et, en matière d'éducation, c'est surtout Léopold qui fait la sienne sur le plan amoureux.

Le bordel, des maîtresses, oui, mais vivre en n'étant pas marié, non !

Léopold savait que cette relation amoureuse devait rester secrète, il savait que nombre des soldats dont il avait dit vouloir partager le sort étaient, eux, en Allemagne, derrière des barbelés, ou en train de lutter en Angleterre, loin de leur femme et de leur fiancée. Il ne fallait donc pas se mettre à dos l'opinion publique. Mais s'il pouvait se cacher de l'extérieur à l'intérieur du Palais, on savait, et en particulier le représentant de Dieu au Palais, le cardinal Van Roey qui, rapidement au courant de la liaison entre Léopold et Lilian, aurait tout fait pour contraindre les deux amants à se passer la bague au doigt « parce qu'il ne pouvait accepter qu'il vive avec une femme *hors des liens du mariage* ». Il fut en cela bien épaulé par la reine Élisabeth qui n'avait visiblement pour son fils pas grand-chose de l'esprit rebelle qui l'anima. Lilian, elle, accepta parce que dans son esprit, une fois devenue la femme de Léopold, il n'aurait pour ainsi dire plus pu la rejeter. Et c'était aussi avancer sur le chemin vers son but ultime qui était de devenir la première dame de Belgique et surtout ne pas se contenter d'un rôle subalterne de favorite.

Pour résoudre, aux yeux du bon peuple, le problème du statut officiel de prisonnier du roi, on décida tout simplement de cacher le mariage en le faisant de manière secrète et religieuse, en laissant pour plus tard, après la guerre par exemple, le mariage civil. C'était anticonstitutionnel, illégal et pas très honnête pour les prisonniers en Allemagne mais si on devait s'arrêter à de tels détails...

Le 11 septembre 1941, Léopold III et Lilian se marient seulement devant Dieu et dans le plus grand secret. Même l'entourage proche du roi n'était pas au courant.

Malheureusement, les meilleurs plans ont leur défaut, et celui de ce plan-là fut que, très vite, Lilian tomba enceinte. On peut imaginer le désarroi. Mais on peut aussi se demander comment ils n'avaient pas pensé à cette éventualité...

Une relation, ça peut encore se cacher, mais un petit bâtard déambulant dans les couloirs du château, cela aurait risqué de faire désordre. Il faut donc se résoudre à réparer et donc à passer devant le bourgmestre, même si Élisabeth était foncièrement opposée à ce mariage civil, car elle imaginait bien les retombées négatives sur la population...

Malgré les craintes de tous, ce mariage enfin officiel eut lieu le 6 décembre 1941 entre Léopold et Lilian, anoblie pour la circonstance en princesse de Réthy du nom francisé de la commune néerlandophone de Retie, située dans la province d'Anvers où, en 1853, Léopold Ier avait acheté une propriété. Le nom de « prince de Réthy » ou de « Monsieur de Réthy » avait jusque-là été souvent employé par nos souverains quand ils voulaient voyager incognito, cela depuis Albert Ier jusqu'à Baudouin, en passant par Léopold III.

Le lendemain, le dimanche 7 décembre, c'est un tsunami qui s'abat sur les Belges d'abord sur ceux qui se sont rendus à l'office, puis sur les autres, une fois que, la messe terminée, la nouvelle se répand. La nouvelle, eh bien c'est ce que viennent de lire en chaire de vérité l'ensemble des curés du royaume, à savoir ce que nous venons de lire, le roi Léopold III avait épousé Lilian Baels d'abord devant Dieu, le 11 septembre 1941, et enfin devant les hommes le jour précédent.

Bien entendu, il y eu quelques personnes pour remarquer le non-respect de la constitution, pas d'accord officiel des représentants du peuple, non-respect de la loi, mariage religieux précédant le civil et un mariage religieux lui aussi illégal car pas retranscrit selon les lois de l'Église dans les registres de la paroisse de Laeken... Mais surtout, ce qui atterre les Belges, même ceux qui ont trouvé courageuse la décision du roi de rester en Belgique, c'est que leur souverain ait pu se remarier alors qu'eux vivaient des moments si difficiles et que de nombreux parents étaient soit prisonniers, statut revendiqué par Léopold, soit contraints aux travaux forcés en Allemagne, soit encore en train de se battre contre l'occupant.

La maison royale, cardinal en tête, eu beau mettre en avant qu'il fallait une mère pour les enfants royaux et que ni la nouvelle princesse, ni ses éventuels enfants n'auraient droit à la couronne, cela n'y changea rien. Lilian était une arriviste et Léopold s'était coupé de nombre de ses partisans. La naissance du prince Alexandre quelques mois plus tard ne changea rien, si ce n'est en pis et ne fit qu'éclairer les Belges sur le but exact de la manœuvre.

Jusqu'à la fin de la guerre, Léopold III et la princesse Lilian se firent plus discrets. Cet épisode ne revenant à la surface, de manière violente, que lors de la libération du roi et du début de la tristement célèbre « Question royale ».

Si la nouvelle épouse de Léopold avait su conquérir le cœur des enfants d'Astrid, il n'en fut rien concernant la majorité des Belges qui l'associèrent en permanence à l'attitude de Léopold durant le conflit.

Tout le monde connait cet épisode qui vit notre pays plonger presque dans la guerre civile et qui vit apparaître, pour assurer l'intérim sur le trône, un personnage haut en couleur resté jusque-là dans l'ombre : le Prince Charles, frère du roi et futur régent.

De l'argent pour quitter Léopold

Nous verrons plus loin ce que fut la vie sentimentale du Régent. En attendant, celui-ci, ayant compris les dangers liés à la présence de cette dernière pour la pérennité de la dynastie, va, avec le premier ministre de l'époque, Achille Van Acker, faire une proposition tenue secrète pendant des années. Contre une importante donation, Lilian devait s'engager à se séparer du roi. La nouvelle princesse de Réthy refuse pour certains, elle était trop amoureuse, pour d'autres elle pensait qu'elle pourrait porter un jour le titre de reine. Mais en 1951, pour sortir le pays de la crise et de l'éclatement, le roi son mari décide d'abdiquer en faveur de son fils Baudouin mettant ainsi un terme définitif aux espoirs de Lilian.

Un amour fertile mais pas éternel

Le couple Léopold-Lilian donna le jour à trois enfants : le prince Alexandre, comme nous l'avons vu, naquit quelques mois après le mariage civil durant l'été 1941. Presque dix ans plus tard, le 6 février 1951, c'est une fille prénommée Marie-Christine qui vit le jour, suivie cinq ans plus tard d'Esméralda.

Le fait que ces enfants naquirent avec un laps de temps assez important entre eux pourrait donner à penser que l'amour ne faiblit point au sein du couple Léopold.

La réalité semble avoir été tout autre. Léopold, s'il était très en phase avec son épouse sur beaucoup de points au début de leur relation, se lassa aussi rapidement de la présence de celle-ci à ses côtés et prit très tôt le prétexte de sa passion pour les voyages pour fuir le plus souvent possible la compagnie de la princesse de Réthy.

Il faut dire que le caractère très particulier de Lilian n'arrangeait en rien les choses pas. Selon un des membres du personnel du château, Lilian était une femme colérique et sans pitié, ce qui semble corroboré par sa propre fille, Marie-Christine, qui dénonça plusieurs fois de manière publique l'attitude de sa mère à son égard. Marie-Christine quittera d'ailleurs la Belgique pour le Canada afin de mettre le plus de distance possible entre elle et sa mère.

La situation au sein de l'ancien couple royal et de sa famille s'aggrava encore après le mariage de Baudouin. L'entourage du nouveau roi et Fabiola trouvant que Léopold et Lilian influençaient trop le jeune Baudouin, on décida qu'il fallait créer de la distance entre eux. N'ayant plus leur place à Laeken, l'ancien souverain et sa femme déménagèrent pour le domaine d'Argenteuil, dans la commune de Waterloo. Tout cela augmentant encore le ressentiment de la princesse de Réthy.

La situation devint pour Léopold tellement invivable que la fuite dans les voyages finit par ne plus suffire et que, si on en croit l'ancien ministre Achille Van Acker, l'idée d'un divorce fut même mise à l'ordre du jour. Mais Léopold n'osa jamais franchir le pas.

Incapable de divorcer, Léopold se remit à un de ses anciens passe-temps, la séduction. Il chercha alors refuge dans les bras d'autres femmes, jusqu'au jour où, âgé de presque 60 ans, durant l'un de ses voyages loin de la mauvaise humeur de Lilian, il rencontra, à Paris, une jeune femme qui travaillait au Musée de l'Homme. Il s'amouracha de cette jeune et jolie Française de 26 ans qui répondait au prénom de Jacqueline. Il retrouva à nouveau auprès d'elle l'énergie, la passion, la joie de vivre qui étaient les siennes dans sa jeunesse.

C'est une erreur digne d'un amant débutant qui va perdre Léopold. En voyage en Thaïlande avec Lilian, il avait demandé à sa maîtresse de lui écrire, mais en passant par l'intermédiaire de son secrétaire. Lilian, qui n'était pas née de la dernière pluie, découvrit le pot aux roses et l'existence de celle pour qui s'était remis à battre le cœur de son mari. Elle n'en demanda pas plus, plia bagage sur le champ et rentra seule en Belgique.

Cela n'affligea en rien Léopold qui continua comme si de rien n'était à prendre du bon temps en compagnie de sa jeune parisienne. Le moins qu'on puisse dire c'est qu'il la couvrit de cadeaux. Il aurait à l'époque dépensé pour elle plus d'un million et demi d'euros.

Il alla même jusqu'à fuir, avec elle, en direction de l'Espagne, au volant d'une décapotable. Heureusement, ou pas, ils furent stoppés à la frontière espagnole, le gouvernement belge, ayant été informé de cette escapade d'adolescents, avait pris les mesures nécessaires pour y mettre un terme et éviter le scandale. Tout le monde fit pression sur lui pour qu'il mette fin à cette liaison et revienne dans sa famille.

Le roi reprit sa place au côté de Lilian. On le vit par la suite faire une déclaration à la presse durant laquelle il affirma que sa principale préoccupation n'était autre que de vivre en paix avec sa famille dans le domaine d'Argenteuil. Un voyage en Amazonie fut organisé pour finir de convaincre tout le monde que le couple était toujours aussi amoureux qu'aux premiers jours.

La réalité du séjour fut tout autre, à en croire leur fille, Marie-Christine. Léopold aurait passé tout son temps seul, à explorer la région. Il ne donnait même plus signe de vie à sa femme qui dut demander au gouvernement brésilien d'envoyer un hélicoptère à sa recherche. Léopold, pour ainsi dire, se cachait dans la forêt et ne voulait pas revenir en Belgique. On finit quand même par le retrouver et, comme à la frontière espagnole, il fallut le forcer pour qu'il revienne. Il arriva à l'aéroport de Rio, sale, avec une barbe de plusieurs jours et déçu de devoir rentrer. Le voyage ne changea évidemment rien à la situation du couple, Léopold continuant à fuir le plus possible sa femme et ne semblant heureux qu'en présence de ses enfants.

Lilian Baels ne veut pas passer l'éternité avec Léopold

Léopold III trouva la mort dans la nuit du 24 au 25 septembre 1983 à l'âge de 81 ans. Il fût enterré aux côtés de sa première épouse, Astrid, dans la crypte royale de l'Église Notre-Dame de Laeken. En couchant sur le papier ses dernières volontés, Lilian demanda bien clairement pour reposer dans le domaine d'Argenteuil. Était-ce pour elle une dernière manière de montrer que leur relation n'était finalement pas si bonne que ce qu'ils avaient toujours montré ? Toujours est-il qu'après réflexion sa famille décida de passer outre cette volonté et de l'inhumer avec Léopold dans la crypte de Laeken.

Le régent Charles

Nous l'avons vu, Albert avait souffert de n'avoir pu exister durant son enfance, que dans l'ombre de son frère, premier prétendant au trône. Il avait ensuite dû s'improviser roi, alors qu'on ne l'avait absolument pas préparé à cela.

Lorsque, le 10 octobre 1903, le palais annonce la naissance de Charles, second fils d'Albert et d'Élisabeth, il est naturel de penser qu'on éviterait à cet enfant de connaître le même sort que son père et que le couple royal ne ferait pas de différence en terme d'affection et d'éducation entre leur premier fils, Léopold et le nouveau-né. Mais l'histoire aime à se répéter.

À l'instar de son père, Charles passa au second plan, devant s'effacer face au futur Léopold III. Mais si Albert avait fini par se résigner et se contenter de ce qu'on lui accordait, ce ne fut pas le cas pour son fils.

Voyant son grand frère monopoliser toute l'affection de leurs parents, qui d'ailleurs ne se cachaient pas pour marquer leur préférence pour leur aîné, Charles développa de la jalousie à l'encontre de celui-ci et, le considérant comme un concurrent dans l'accès à l'amour parental, il s'interdit de créer tout lien avec son frère autre que le strict minimum, allant jusqu'à préférer la compagnie de leur petite sœur, Marie-Josée, lorsqu'il recherchait un complice de jeux ou d'aventures.

Mais ce dédain qu'il affichait pour son frère était complètement inefficace face à l'attitude de ses parents à son égard. Les enfants en manque de reconnaissance et d'amour de leurs parents peuvent soit finir par accepter leur sort et chercher auprès d'autres à combler ce manque, soit essayer par tous les moyens d'attirer l'attention de ceux-ci. Et c'est vers la seconde option que va se tourner le jeune enfant.

Il va devenir une sorte d'anti-Léopold. Puisque la place du bon fils est déjà prise, il va chercher à occuper celle du mauvais. Il n'épargnera rien à ses parents, passant son temps à réaliser bêtise après bêtise, il se montre désobéissant et méprisant avec le personnel du château et, auprès de ses précepteurs, il se fait arrogant et impertinent en public.

On raconte ainsi que lors d'un dîner, alors qu'on le questionnait sur ses connaissances en géographie en lui demandant quel était le fleuve le plus long de Belgique, il répondit, un sourire narquois aux lèvres, « le Nil ».

Un peu dérouté face à l'attitude de son fils, Albert réprimande Charles de plus en plus sévèrement, allant jusqu'à avoir recours à des châtiments corporels. Gifles et coups vont devenir la réponse systématique pour remettre le mouton noir de la famille dans le droit chemin. Au point qu'Albert ne prend même plus la peine de s'en cacher. Il écrira dans une lettre à sa femme :

« Pour te donner quelques nouvelles d'ici (Bruxelles), je te dirai que les enfants vont très bien, que la petite (Marie-José) a gagné 300 grammes, que les leçons de Léo (six ans) sont en progrès, que Charles est désobéissant. Hier, je lui ai donné une raclée… »

Comme on peut le supposer, les coups ne vont en rien améliorer la situation. Charles persiste dans son attitude. Son père et son frère aiment le golf, la pratique du sport et l'équitation, lui va s'en détourner le plus possible, préférant la marche et jouer aux échecs.

Toutefois, s'il s'oppose aussi fortement à l'autorité et à l'image paternelle, il ne peut en faire de même face à sa mère. N'est-ce pas finalement, pour avoir droit à un peu de reconnaissance et d'amour de sa part qu'il agit ainsi ? Il va d'ailleurs s'adonner au bricolage et à la peinture dans l'espoir de s'approcher d'Élisabeth, mais s'il reconnaitra avoir, grâce à ces activités, trouvé un peu de sérénité, ses démarches sont vaines. Comme il le dira des années plus tard :

« Une reine est toujours en représentation, elle ne peut pas être une maman présente ».

Ses années d'enfance passent ainsi, auprès de ses parents qui ont fini par se lasser de son attitude et se montrent de plus en plus indifférents à son égard.

À 14 ans, Charles est lui aussi fatigué de vivre en permanence en conflit avec ses parents, n'obtenant plus de leur part que reproches et coups. Il va alors décider, malgré son jeune âge, qu'il est temps de mettre de la distance entre lui et les siens. Évidemment, à son âge, les possibilités ne sont pas légion et c'est dans la marine anglaise qu'il pense pouvoir trouver la solution.

C'est au cours d'un repas, qui comme souvent était devenu houleux à cause de son impertinence -il avait cette fois-là fait remarquer à ses parents que « l'avant-dernier de ma classe est un tel génie que je n'aurais pas pu le surpasser »-, qu'il leur annonça son intention de s'engager.

Lorsque, bien plus tard, il reviendra sur les raisons de cette décision, il précisera qu'en plus de l'atmosphère familiale devenue trop irrespirable pour lui, il cherchait aussi à fuir l'ambiance malsaine qui régnait alors en cette période de guerre à Laeken, puis à La Panne, où il avait dû suivre sa mère. Il racontera qu'alors qu'il était avec Élisabeth dans l'un des hôpitaux qu'elle patronnait, une des nurses anglaises qui officiait là avait ostensiblement écarté les cuisses à son passage et, ayant capté l'attention du jeune garçon, joua de façon très suggestive avec une seringue. Il gardera de cet événement, qu'il qualifia d'extrêmement traumatisant, des séquelles tout au long de sa vie.

Un enfant caractériel et précoce

C'est un jeune garçon à l'aube de la puberté qui débarque dans l'univers violent et macho de la marine. La réalité y est loin d'être celle des aventures de pirates qui ont bercé ses lectures de son enfance. C'est un monde où se mélangent le travail à la dure, les beuveries et le sexe qu'il découvre.

Albert, au lieu de se sentir soulagé par le départ de ce fils indomptable, va se sentir bafoué, voire insulté, dans son rôle de père. Il y a quelque chose d'infamant pour un lui, qui se veut autoritaire et irréprochable, de devoir ainsi laisser partir son fils aussi jeune. Il se doit de réagir et, pour rappeler à Charles que même de l'autre côté de la Manche il est toujours sous son autorité, il va personnellement demander à l'amiral sous l'ordre de qui se trouve son fils de ne surtout accorder aucune faveur à Charles, que du contraire, il l'enjoint à être plus rude avec lui qu'avec les autres.

Si les coups paternels et l'indifférence de sa mère l'avaient, selon ses dires, déjà bien endurci, la vie parmi les marins va lui apprendre à rendre coup pour coup, car pour se faire respecter des autres dans ce monde viril, il faut savoir se battre.

Cette vie va aussi inévitablement l'initier à d'autres corps à corps, ceux de l'amour.

Certes, Charles, n'était pas complètement niais de la chose, certaines femmes qui veillaient sur lui enfant ayant déjà levé un coin du voile. Mais cela était encore fort sage en comparaison des découvertes qu'il allait faire durant ses années de marin. Son caractère curieux et avide d'expériences en tout genre va le pousser à goûter à presque tous les plaisirs charnels.

Sur les traces de son oncle Léopold II, Charles va se montrer insatiable en termes de débauche, passant d'une prostituée à une autre, cherchant à goûter à tout. Sa nature excessive transforma sa passion pour les plaisirs du corps en obsession pour devenir une réelle addiction dont il ne pourra jamais se défaire.

Une idylle adolescente passionnelle et une jeune fille enceinte

Au printemps 1920, le prince Charles, âgé de 16 ans, poursuit sa formation dans la marine britannique. En fonction de ses permissions ou des congés, il lui arrive de revenir en Belgique pour y passer quelques jours.

C'est lors d'un de ces séjours qu'il va rencontrer, dans les environs de Chimay, une jeune fille. Selon Louise Bricmont, auteure notamment d'un ouvrage de plus de mille pages sur la vie de Charles, la jeune fille est issue de la noblesse, porte une jolie chevelure blonde et rougit facilement, chose qui n'est pas pour déplaire à Charles.

De cette idylle serait né un enfant. Une petite fille aussi blonde que sa mère. La biographe n'en dit pas plus sur l'identité de la jeune fille. Elle précise juste que la romance se jouait dans les environs des « *bois des domaines de la princesse de Caraman-Chimay* ». Faut-il comprendre que la mystérieuse jeune fille est issue de cette famille ?

Retour en Belgique

Après neuf années au service de la marine anglaise, c'est un jeune homme de 23 ans déjà bien aguerri à la rudesse de la vie et aux plaisirs de la chair qui revient vivre en Belgique. Il vient d'hériter de sa grand-mère, Marie de Hohenzollern, comtesse de Flandre qui, ayant un faible pour cet enfant maudit d'Albert, lui avait réservé une belle part du gâteau. Suffisamment en tout cas pour subvenir lui-même à ses besoins, lui évitant ainsi l'humiliation de devoir retourner vivre auprès des siens.

Afin d'occuper l'enfant prodigue, on l'inscrit à l'École militaire de Bruxelles où, ironie du sort, il retrouve son frère, Léopold.

Malgré les neuf années passées loin de lui, Charles n'a pas su apaiser la rancœur qu'il voue à ses proches et plus particulièrement à Léopold. Il va dès lors voir dans son séjour à l'École militaire comme une occasion de prouver à tous qu'il vaut mieux que son frère, qu'il est plus fort que lui dans tous les domaines.

S'il va consacrer beaucoup d'énergie dans cette compétition fraternelle, cela ne le monopolise pas suffisamment pour lui faire oublier sa passion pour les plaisirs du corps. Étant avide et insatiable dans ce domaine, il finit rapidement par s'ennuyer de tout ce que peut lui offrir un petit pays comme la Belgique en matière de divertissements érotiques. Il va alors faire la rencontre d'un alter ego en la personne de Charles, prince de Galles. Ensemble, ils vont faire le tour de France de tout ce qui est possible et imaginable comme moyen pour assouvir leur soif de plaisir. On ne comptera plus le nombre de témoins qui diront les avoir vus tituber dans les ruelles de Paris au petit matin.

Au plus Charles donne libre cours à sa curiosité, au plus ses goûts vont se complexifier. Ainsi, certains vont affirmer qu'il ne prend jamais autant de plaisir qu'en déflorant des jeunes filles et qu'en leur faisant découvrir les multiples facettes de l'amour charnel. D'autres, qu'il aimait surtout dominer ses partenaires, trouvant son plaisir dans le fait de les réduire à de simples objets sexuels. Pour d'autres encore, il aimait varier et multiplier ses compagnes en amour, organisant des partouzes durant lesquelles il ne se montrait pas farouche si un homme l'abordait.

Une addiction en amenant souvent d'autres, il tomba dans l'alcool avec la même force que dans la débauche. C'est la peur de finir un jour à l'aube au fond d'un caniveau qui le poussera à se modérer, comme il l'expliquera plus tard :

« J'ai appris à mes dépens la contraignante discipline du savoir-boire sans tomber dans les outrances de l'alcoolisme. Il faut toujours parvenir à garder l'esprit clair et à s'arrêter à temps. C'est tout un apprentissage. Le corps s'adapte. »

Un très bon ami

Si les égarements de Charles ne sont pas faits pour plaire à la famille royale, c'est quelque chose de bien plus anodin en apparence qui va être la goutte d'eau qui va faire déborder le vase déjà trop rempli. C'est lors des obsèques de son père, Albert, en 1934, que le pas de trop va être franchi. Si, évidemment, personne ne s'attend à ce que Charles, qui a fait le déplacement avec des pieds de plomb, s'affiche lors de cette cérémonie au bras d'une femme, on s'attendait encore moins à ce qu'il vienne accompagné d'un homme et encore moins de son ami, Robert Goffinet.

Car ce qui fait scandale à la vision de ce couple lors d'une cérémonie officielle, c'est qu'elle semble donner raison aux rumeurs qui se sont fait entendre de façon plus en plus persistante depuis que Charles et Robert ont décidé d'aménager ensemble au domaine de Raversijde. En s'affichant ainsi, Charles donne raison à ceux qui doutent de la nature de cette amitié pour le moins particulière.

Robert Goffinet fait son entrée dans la vie de Charles au début des années 20, alors que celui-ci approche de la trentaine. Très rapidement, Robert va s'avérer être pour Charles un ami aux conseils précieux et va s'imposer comme le bras droit non-officiel du prince.

Robert, malgré le bandeau qu'il portait à un œil suite à une blessure de guerre, était d'une grande beauté. Si on sait que Charles était sensible à la beauté, rien de concret ne vient pourtant, jusque-là, étayer ces rumeurs. On sait juste qu'ils furent suffisamment intimes pour se promettre mutuellement de léguer à l'autre la totalité de leur fortune si l'in d'eux venait à décéder. Promesse que ne respectera pas la famille de Robert après la mort de celui-ci.

Pas question pour la famille royale de laisser leur bonne réputation être ainsi entachée par ne fut-ce qu'un soupçon de la présence parmi eux de ce qu'ils considèrent comme une des pires infamies : l'homosexualité. Même de la part de Charles, ce n'est pas acceptable. Certes, on peut reprocher aux Saxe-Cobourg d'être des coureurs de jupons invétérés mais ça, non.

On pria vertement Charles de décupler ses efforts pour convaincre son entourage du bien-fondé de son hétérosexualité et d'un autre côté, afin de clarifier les choses, on officialisa Robert dans sa fonction de collaborateur du prince. Ce qui avant l'avantage de justifier la présence de Robert à côté de Charles. Car si Charles se démena pour affirmer son amour pour les femmes, il ne put se résigner à mettre un terme à cette amitié, qui perdura jusqu'à la Seconde Guerre mondiale durant laquelle Robert trouva la mort, plongeant Charles dans un chagrin incommensurable dont il ne se remettra que très longtemps après. Il dira par la suite que Robert ne fut pas le seul homme à avoir éprouvé des sentiments à son égard. Selon ses dires, beaucoup de ses amis de sexe masculin étaient tombés amoureux de lui en raison de sa franchise, de la manière qu'il avait de dire les choses et de son humour.

Mais si on ne parla plus de l'incident de l'enterrement d'Albert et que les bruits sur la supposée homosexualité de Charles s'estompèrent, la famille royale n'eut pas vraiment le temps de s'en réjouir, car les frasques hétérosexuelles de Charles n'étaient pas faites non plus pour redorer le blason de la famille royale.

Son addiction pour le sexe devenant de plus en plus difficile à assouvir, Charles était devenu de moins en moins regardant à la dépense, pour peu que cela lui procure le plaisir qu'il recherchait tant. On lui prêta même pour devise : « Peu importait qui m'aime pourvu qu'on m'aime ».

Un autre décès va donner à Charles l'occasion d'asséner de nouveaux coups dans ses relations avec sa famille et en particulier avec son frère : celui d'Astrid. Depuis quelques années, Charles s'était rapproché d'Astrid. Ce qui était, sans doute au début, une manœuvre de Charles pour rendre son frère jaloux se transforma en véritable relation d'estime. Charles appréciant la gentillesse d'Astrid, qui de son côté trouvait Charles très sympathique.

On ne saura jamais s'il existait bien une réelle complicité entre eux ou s'il s'agissait là d'un jeu de dupe mais la réaction à l'annonce de la mort accidentelle d'Astrid fut un choc important pour Charles qui, ne pouvant accepter le caractère tragique de cette disparition, désigna ouvertement comme seul responsable Léopold, l'accusant d'avoir été un mari incapable de prendre soin de sa femme, d'avoir été indigne d'elle.

Un peu d'amour ?

Quelques mois avant le début de la Seconde Guerre mondiale, Charles fait un peu par hasard la rencontre de Jacqueline Wehrli, une jolie demoiselle, la fille d'un pâtissier très renommé. C'est alors qu'elle qui était venue faire une livraison au palais que Charles tomba sous le charme.

Pour Charles, c'est le coup de foudre. Il dira d'elle, en 1947, alors qu'elle venait de perdre la vie : « Je l'ai aimée jusqu'à la fin ».

De cet amour naquit, le 10 octobre 1938, une petite fille prénommée Isabelle. Ne pouvant reconnaître cette enfant, Charles fit les démarches nécessaires pour devenir son parrain. Mais cette astuce ne le satisfaisant pas, soucieux de son rôle de père, il envisagea d'épouser la pâtissière. Albert et Élisabeth s'empressèrent de s'opposer à ce mariage, la condition de Jacqueline ne permettant pas une telle union. Et impossible pour Charles d'aller contre ce veto, l'article 60 de la Constitution précisant que : « Sera déchu de ses droits à la couronne le prince qui se serait marié sans le consentement du roi ».

Il se souviendra avec amertume de la décision de ses parents quelques années plus tard, lorsque pendant la guerre, son frère Léopold annoncera son mariage avec Lilian, qui elle non plus n'était pas princesse. Une fois de plus ses parents accordaient à son frère ce qu'ils lui avaient refusé à lui.

Ne pouvant être officiellement le père de sa fille, un mariage fut arrangé entre Jacqueline et un homme d'un certain âge du nom d'Arthur Wybo, le 3 novembre 1942. Celui-ci ne tarda pas à rendre l'âme, permettant ainsi à Charles et Jacqueline de reprendre leur vie de couple et de famille illégitime jusqu'au triste jour du 11 janvier 1947 où la petite Isabelle devint orpheline.

La fillette fut confiée à sa grand-mère maternelle. Malheureusement, celle-ci ne survécut pas longtemps à la mort de sa fille. Charles prit alors les mesures nécessaires afin que sa fille soit élevée dans les meilleures conditions possibles, malgré la désapprobation du Conseil Royal. Il dut tout de même attendre 1951 pour devenir enfin le tuteur légal de la jeune adolescente à présent âgée de 13 ans.

Isabelle, qui avait de qui tenir, devint une fille au caractère bien trempé, capricieuse et vaniteuse. Pourrie gâtée par ses grands-parents, elle estimait que tout lui était dû et ne comprenait pas que son « parrain » ne l'anoblisse pas. Prête à tout pour arriver à ses fins, elle lui fit subir toutes les misères possibles et inimaginables. Le prince Charles déboursa des sommes colossales afin de réaliser les caprices, ce qui ne lui évita pas d'avoir à subir à de multiples reprises les crises d'humeur et les accès de colère de sa fille. Ses résultats scolaires étant médiocres, il fallut encore l'intervention de Charles pour lui obtenir une place d'archiviste au sein de la Générale de Banque, à Bruxelles. La jeune fille était devenue à ce point invivable pour Charles qu'il la qualifia de « boulet » et se décida à mettre en œuvre les démarches nécessaires pour être légalement libéré de ce fardeau, ce qu'il obtint en 1976. Isabelle ne quitta pas pour autant la sphère royale, continuant à entretenir de bonnes relations avec Albert II et son épouse, ainsi qu'avec la future reine Fabiola.

Un régent exemplaire

Avec la fin de la Seconde Guerre mondiale, la question du retour de Léopold III sur le trône pose un énorme problème. En attendant que le peuple belge se décide sur le sort du roi, il faut trouver un régent pour occuper les fonctions royales.

La reine mère Élisabeth se verrait bien dans le rôle, mais elle se fait qualifier par André de Staercke, membre du gouvernement Pierlot, de femme « fantasque » et « capable de choisir un Premier ministre parce qu'il était bon musicien ou bon médecin ». C'est finalement vers Charles que le choix va se porter. Ce choix ne va évidemment rien arranger à l'animosité entre Élisabeth, Léopold et Charles. Et histoire de bien marquer sa différence, Charles désignera Charles Van Acker à la tête du nouveau gouvernement belge, lequel s'opposait fermement au retour du roi Léopold III.

Si la régence de Charles est marquée par son voyage au Congo, encore belge à l'époque, il ne partage pas pour autant le goût du voyage de son frère. On dit d'ailleurs qu'il fut extrêmement content de revenir au plus vite du Congo, le corps piqué et rongé par divers insectes. Il ne garda aucun souvenir agréable de ce séjour en terre africaine, déjà qu'il avait dû surmonter sa phobie des avions, il n'arriva pas à s'accommoder à la nourriture locale qui lui donna des maux d'estomac insupportables, à quoi vinrent s'ajouter la chaleur qu'il supportait mal et la peur d'attraper l'une ou l'autre de ces maladies exotiques qui pullulaient dans la région. C'est d'ailleurs cet argument qu'il utilisa pour répondre aux rumeurs qui prétendaient qu'il avait profité de son périple africain pour goûter aux femmes congolaises. Il fit taire les mauvaises langues en expliquant qu'il avait bien trop peur de contracter une maladie vénérienne pour oser entreprendre quoi que ce soit de la sorte. Le seul épisode à connotation érotique qu'il vécut, à l'en croire, au Congo, se déroula lors d'une cérémonie à laquelle il participait et durant laquelle il fut confronté à une espèce de grand Bouddha noir qui se trouvait en plein acte sexuel pendant qu'il discourait. Cet acte devant servir à contrer le mauvais sort et éviter que les malédictions apparaissent.

Tout a une fin

La régence est par définition une fonction temporaire et Léopold III ayant abdiqué en faveur de son fils Baudoin, le régent n'avait plus raison d'être. Charles, qui avait pris goût à sa situation et au confort de Laeken, vécut très mal la situation. Il faut dire que l'empressement avec lequel on lui demandait de disparaître ne rendait pas vraiment hommage à la qualité avec laquelle il s'acquitta de son rôle de régent. Son secrétaire, Charles Van Acker, déplora d'ailleurs le manque d'intérêt accordé au prince Charles et aux missions qu'il avait pourtant exécutées avec beaucoup de sérieux dans la seconde moitié des années 40.

C'est à Ostende que Charles trouva refuge, ayant amené avec lui tout ce qu'il estimait lui appartenir. Enfin, c'est ce qu'il croyait, car lors de son déménagement, il se vit interdire d'embarquer plusieurs de ses meubles favoris qui lui avaient pourtant été légués par sa grand-mère, Marie de Hohenzollern. Excédé par cet affront, l'ancien régent s'empara du plus coûteux de ces meubles et le balança par la fenêtre du palais, rappelant ainsi à tous le côté colérique de son caractère. Une fois installé à la côte, il se fit appeler Karel Van Vlanderen (Charles de Flandre) et occupe ses journées à peindre et à sculpter.

Ostracisé, il ne fût d'ailleurs pas invité à la cérémonie de mariage du roi Baudouin, ni aux baptêmes que célébra la famille royale.

En réaction, il préféra dilapider de son vivant, autant qu'il le pouvait, son patrimoine, plutôt que de laisser la moindre miette à cette famille qu'il détestait et qui le lui rendit bien.

Cette mise au ban eut pour conséquence de désinhiber le peu de retenue qu'il avait encore dans sa vie amoureuse et sexuelle. Repoussant toujours un peu plus loin ses limites, avide de nouvelles expériences, il loua un grand penthouse avenue Louise pour lui faire office de garçonnière et accueillir les partouzes qu'il affectionnait tant.

Tradition de favorites

Si Charles affectionnait la multitude, il avait aussi le goût de se choisir de temps à autres une favorite, une plus douée, plus jolie, plus perverse, à qui il accordait plus d'attention qu'aux autres. Jackie Dechamps fut l'une d'entre elles. Femme libérée toujours partante pour participer aux diverses « activités » organisées par le prince, il ne fallait pas lui dire deux fois pour la voir débarquer au lupanar princier de l'avenue Louise. Seule la mort l'en aurait empêchée, et c'est ce qui se passa aux États-Unis où elle fut brutalement assassinée.

Une autre de ses « favorites » fut Renée Damoiseau, une femme discrète dont la chevelure d'or et les yeux azur firent chavirer Charles, suffisamment en tout cas pour qu'il accepte de partager sa table avec elle. Mais ce qui plaisait le plus à Charles était son côté masculin, chose qu'il semblait de plus en plus rechercher. Le couple dura quelques années. Veuve, cherchant uniquement à jouir de la vie et non pas à trouver un nouveau mari, elle avait tout pour plaire à Charles. Renée comprit rapidement qu'elle était devenue la favorite du prince et se fit de plus en plus capricieuse et exigeante en terme de « cadeau », ce qui ne dérangeait pas plus Charles que cela, lui qui préférait dépenser son argent pour elle que de prendre le risque de le voir atterrir aux mains de sa famille s'il venait à mourir. Il ne lésina donc pas à la dépense pour rendre sa belle heureuse : il offrit deux appartements à Renée et une maison à la mère de celle-ci, un yacht, une piscine, tout ce que madame voulait, madame l'avait.

Ils aménagèrent dans un vaste domaine qu'il acheta à Cannes où, sous les encouragements de Renée, il se remit à peindre. Est-ce le soleil, la peinture, une certaine joie de vie retrouvée par la présence de Renée, ou l'ensemble de ces facteurs ? On ne sait trop, mais Charles décida vers la fin des années 50 de ne plus boire une goutte d'alcool. Mais l'alcool ne laissa pas ainsi un aussi bon amant se défaire de lui et l'abstinence de Charles ne dura en réalité pas plus que le temps du trop bref instant.

Olivier Allard, ami et conseiller financier de Charles et qui avait de plus en plus de mal à voir ainsi son ami sombrer, tenta de secouer le prince, lui reprochant sans ménagement de jouer les imbéciles et les irresponsables en dépensant ainsi son d'argent sans prendre le temps de réfléchir. Mais mal lui en prit ! Heurté par ses propos, Charles accusa Allard d'avoir détourné à son profit la majorité de sa fortune, ce qui valut à cet ami qui ne cherchait que son bien de croupir quelques années en prison avant d'être finalement innocenté en 1972.

Descente aux enfers

Retrouvant le goût pour l'alcool, Charles retrouve aussi son besoin d'aller voir ailleurs, ce qui ne chagrine pas trop Renée qui commençait à trouver le temps long aux côtés de cet homme excessif et il faut bien le dire, vieillissant. Toutefois, s'il va voir ailleurs, Charles a en même temps peur de perdre Renée. Il va donc aller jusqu'à lui offrir un « homme de compagnie ».

Mais cela ne suffit pas. Rien ne va plus dans le couple, lui est de plus en plus excédé par les caprices et les sauts d'humeur de Renée. Elle n'en peut plus des « infidélités » de son amant.

La tension entre les deux amants va atteindre son paroxysme lorsque Charles, devenant violent, portera des coups à sa maîtresse à plusieurs reprises, allant jusqu'à la gifler pour la faire taire. Pire, ivre et hors de contrôle, il tentera de l'étrangler. Renée n'aura la vie sauve que grâce à l'intervention d'un ouvrier du domaine qui passait par là par hasard. Cela ne ramena pas pour autant Charles à la raison. À une autre occasion, il la gifla tellement fort qu'elle perdit l'usage de ses tympans.

Sans doute las de donner des coups, Charles décida de mettre de la distance entre lui et elle, il partit se réfugier à Nice, laissant Renée à Cannes.

La croqueuse de diamants

Mais les vraies motivations de Charles pour s'éloigner de Renée sont autres. Depuis quelque temps il est tombé entre les griffes d'une femme encore plus vénale, une certaine Katharina, qui a réussi du haut de ses 22 ans à mettre le grappin sur le prince en perdition. Elle l'avait littéralement envouté dans le seul but de lui faire vider son compte en banque. Si Charles tardait trop à ouvrir le cordon de sa bourse, elle le menaçait directement de la quitter et celui-ci s'empressait alors de l'ouvrir encore plus grand.

Malgré toute sa « générosité », cela ne suffisait pas à lui garantir la fidélité de son péché mignon. Katharina, consciente de ses charmes et du pouvoir qu'elle pouvait avoir sur les hommes fortunés en manque d'amour, cumulait les relations avec des « pigeons » du style de Charles. C'est elle qui mettra fin à leur relation en 1968. Il faut dire que la santé de Charles s'est dégradée, on le dit même incontinent. Elle ne partira pas pour autant les mains vides, emportant avec elle plusieurs biens de valeur appartenant au prince Charles.

Charles ne lui en tiendra pas rigueur, disant d'elle qu'elle avait été sa dernière passion.

La mort d'une mère

La relation entre Charles et sa mère n'aura jamais été ni des plus simples et ni des plus sereines. Il lui reprochait de ne l'avoir jamais aimé et elle le considérait comme perdu, lui préférant de loin son frère. Sentant la fin de ses jours approcher, Élisabeth commença semble-t-il à être minée par le remords. Consciente du tort qu'elle avait fait à son fils, de sa responsabilité dans ce qu'il était devenu, elle chercha un moyen de se racheter un peu. Elle décida donc de revoir son testament et consacra une part plus importante de son héritage à Charles qu'à ses autres enfants. Mais se sentant laissée, Lilian fera annuler le testament et Charles ne verra pas le moindre centime de l'amour tardif de sa mère.

Charles ajouta sur la liste de ses haines familiales le nom de Lilian. Mais cette haine pour les siens commença à perdre toute commune mesure à tel point qu'on commença à faire circuler des bruits sur son état mental.

Charles resta rancunier envers sa mère jusqu'à la fin. On ne le vit pas plus à son chevet alors qu'elle était mourante que lors du cortège funèbre. Ce qui n'arrangea en rien l'assentiment de la famille royale et de la population à son égard. Prié de se justifier, il expliqua qu'en réalité il n'avait fait que respecter la volonté de sa mère, celle-ci lui ayant personnellement demandé de ne plus prendre part aux cérémonies et réunions officielles du palais. Afin d'apporter un peu de crédibilité à ses dires, il imita de sa main l'écriture et la signature de sa mère pour rédiger une lettre où Élisabeth le déchargeait de son obligation d'être présent avec les autres lors du cortège.

Une femme cachée?

Si on a souvent reproché aux mâles de la famille royale d'avoir procréé un peu partout, Charles se distingua en ayant une femme cachée. Enfin c'est du moins ce que prétend Jacqueline Peyrebrune dans son livre *Un amour dans l'ombre*.

Elle affirme s'être mariée religieusement à Paris avec l'ancien régent de Belgique. L'amour aurait vu le jour entre elle et Charles en 1977, alors qu'elle était veuve d'un Luxembourgeois, Georges Schaak. Les historiens émirent directement de sérieux doutes sur les affirmations de Jacqueline, ne trouvant absolument aucune mention officielle d'un tel mariage. On classa l'affaire en estimant qu'il s'agissait là de tristes égarements d'une femme cherchant à attirer les médias sur elle. Cela n'empêcha pas Jacqueline d'envoyer chaque année à la crypte royale, à la date anniversaire de la mort de Charles, une gerbe de fleurs portant une banderole avec la mention : « À mon cher époux ».

Enfin en paix ?

C'est à l'âge de 76 ans, en 1981, que cet homme qui passa sa vie à se détruire décéda. S'il fut inhumé parmi les siens dans la crypte royale à Laeken, c'est par leur absence que brillèrent son frère, Léopold, et Lilian. Il y a des rancœurs que même la mort n'efface pas.

Albert Ier et Élisabeth

LE ROI ALBERT Ier
ALPINISTE.

Docteur Antoine Depage

Eugène Ysaÿe

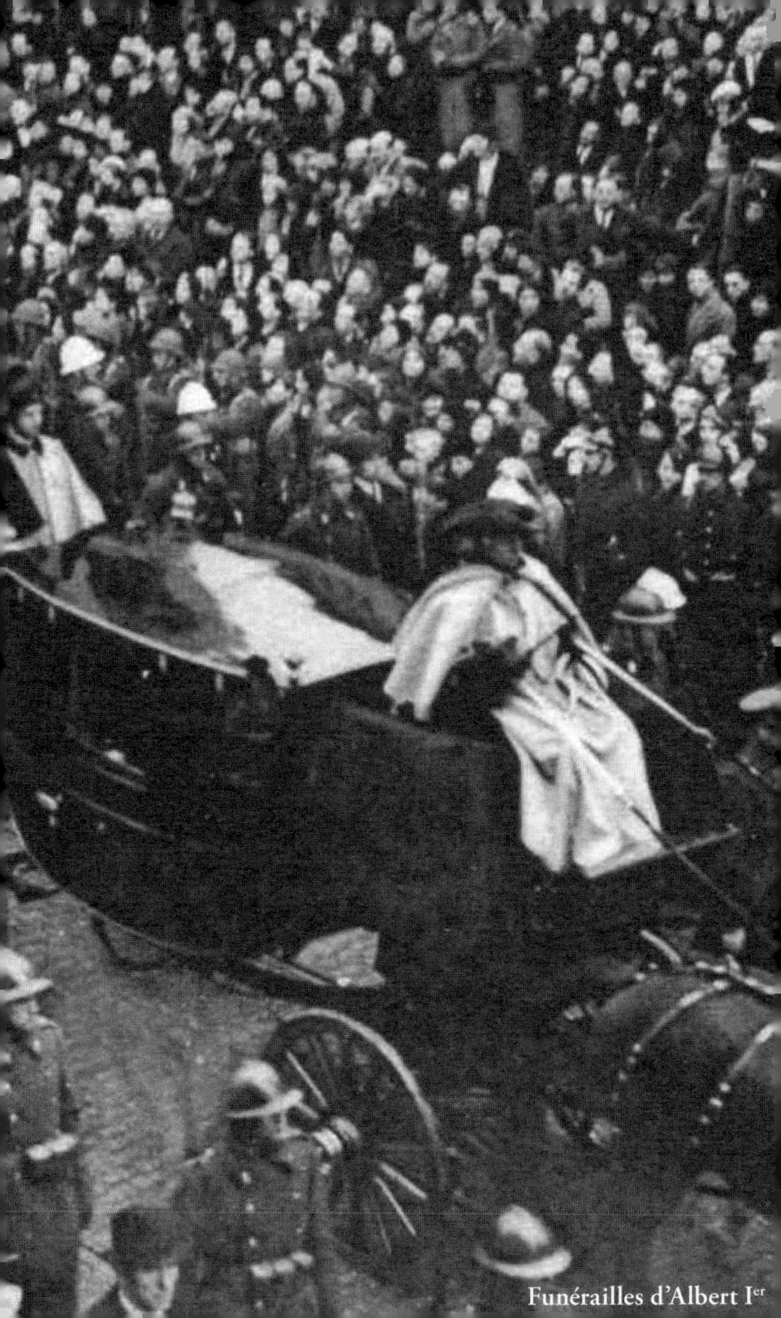

Funérailles d'Albert Ier

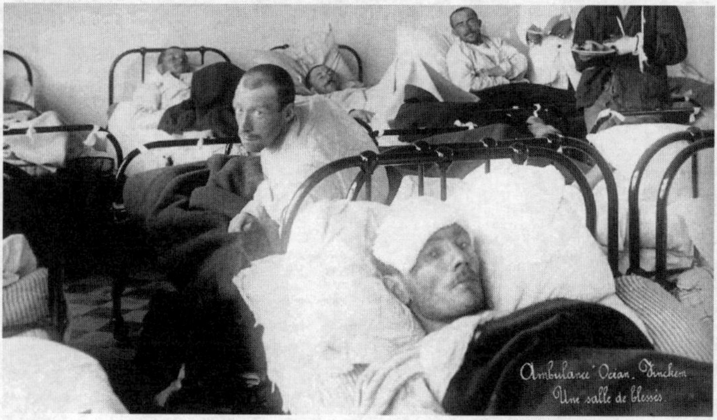

L'Hôpital de l'Océan à La Panne

Albert, le duc de Brabant, avec Élisabeth,
duchesse en Bavière

La Chapelle Astrid à Küssnacht

Princesse Astrid
de Suède

Astrid jeune maman

Lilian Baels,
Princesse de Rhéty

Charles le Régent

Baudouin et Fabiola, sur un billet de 50 francs

Baudouin et Fabiola

Albert et Paola

Paola

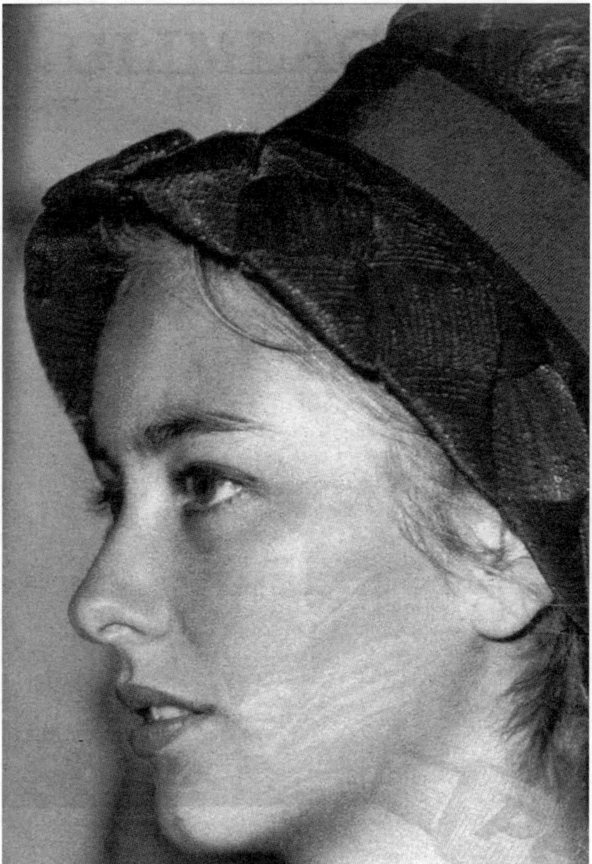

Baudouin, une enfance malheureuse

Baudouin est né dans la journée du 7 septembre 1930, au château de Stuyvenberg. Il est le premier enfant du couple que formaient le roi Léopold III et la reine Astrid. Preuve concrète de leur amour et successeur désigné, sa venue fut accueillie ave la plus grande des joies.

Le petit Baudouin eut la vie normale d'un petit prince appelé aux plus hautes fonctions une fois arrivé à l'âge adulte.

Tout aurait du continuer ainsi dans le meilleur des mondes. Mais même dans l'univers préservé des cours royales, le malheur comme partout est présent. Et ici, il va prendre, comme dans une famille de simple roturier, les aspects d'un banal accident de la route lors de vacances en Suisse. Ce jour fatidique d'août 1935 va faire basculer la vie de Baudouin, d'Albert et de Marie-José : ils ne reverront plus leur maman. Âgé d'à peine 5 ans,

Baudouin était déjà privé de la femme qui l'avait mis au monde. Avec lui et sa famille, ce fut tout un peuple qui fut ébranlé et qui ressentit la brûlure de cette tragique disparition. Nous l'avons vu, la reine Astrid était une des personnalités les plus appréciées du pays et son décès fut très mal vécu.

Après la mort prématurée d'Astrid, l'éducation de Baudouin et de ses frères et sœurs fut confiée à une gouvernante du nom de Marguerite de Jong que le prince aimait surnommer « Juwfrouw ». Il adorait cette femme qui prenait soin de lui et qui, d'une certaine manière, remplaçait la présence féminine nécessaire à son évolution et à son bien-être.

C'était elle qui l'aidait à s'habiller, qui lui dictait la conduite qu'il devait avoir auprès des invités, qui l'aidait dans ses choix d'activités et qui lui donnait le sourire le soir avant d'aller se coucher.

Elle fit tout pour être une mère de substitution pour Baudouin et son départ le chagrina très fort quand la guerre, menaçant le roi Léopold III, avait renvoyé la gouvernante, si chère aux yeux de son fils, dans sa famille.

C'est avec un pincement au cœur que cette dernière accepta, consciente de laisser le petit Baudouin sans sa « Juwfrouw ». Lui, cinq années après avoir perdu sa mère, était de nouveau contraint de faire ses adieux à la femme qui veillait sur lui comme une nouvelle mère.

Ce fut, encore une fois, un choc pour l'enfant, d'autant plus que la guerre venait de commencer et que lui et sa famille étaient désormais prisonniers de l'occupant allemand vainqueur.

Difficile dans de pareilles circonstances de sourire, d'éprouver de la joie de vivre. Toutes ces séparations n'ont certainement pas donné à cette enfance royale beaucoup de raisons de faire des envieux.

Malgré la présence d'un père aimant, Baudouin regrettera toujours de ne pas avoir été élevé comme tous les autres garçons de son âge avec les douces attentions d'une maman.

1942, un rayon de soleil fait son entrée dans la vie du prince Baudouin. Il porte le nom de Mary-Lilian Baels et va devenir la personne qui dorénavant comblera le manque de présence maternelle laissé par le décès de la maman et par le départ de la gouvernante.

Comme nous l'avons vu plus avant, le roi Léopold III, pour les raisons que l'on sait, fit venir Lilian au palais et finit par l'épouser, ce qui entraina la désapprobation quasi unanime de la presque totalité de la population, d'une grande partie des gens du palais, ainsi que par certains membres de la famille royale tel que le prince Charles, pour ne citer que lui.

Par contre, les enfants de Léopold ne vécurent pas du tout cela de manière négative. Lilian fut directement adoptée. Et quoi que très différente de la reine Astrid dont les louanges n'avaient cessé de croître, même après sa mort, très vite, elle devint une parfaite mère de remplacement tant elle était chaleureuse et attachée aux enfants qui le lui rendirent bien et la considérèrent vite comme partie intégrante de la famille.

La guerre finie, Baudouin, comme toute sa famille, fut emmené en captivité. Une fois libéré par les Américains, ce ne fut pas, contrairement à ce qu'on aurait pensé, le retour triomphal vers la Belgique mais une nouvelle épreuve, celle de la désapprobation et des quolibets visant son père et l'attitude de celui pendant la guerre. À cela, vint s'ajouter l'exil en Suisse, car il n'était alors plus question de rentrer en Belgique. Le temps passa et les choses se résolurent mais pas comme Baudouin avait dû le penser. Son père, après un référendum où son retour sur le trône n'avait convaincu qu'une petite majorité des Belges, et devant les troubles publics, préféra s'effacer pour le plus âgé de ses fils qui, à seulement 18 ans, se retrouva sur le trône. Statut qui, ce fut visible par tous, fut loin de l'enchanter et lui valut pour longtemps la réputation de quelqu'un qui ne savait pas sourire.

Baudouin, un célibataire voué à devenir moine

Ce personnage trop sérieux, ne souriant jamais, à qui on ne pouvait prêter aucune aventure sentimentale, commença à faire parler, pas temps de lui, mais surtout « à propos de » lui.

Notre jeune monarque, bien qu'il se montrait très sérieux dans l'accomplissement de ses tâches, paraissait souvent las. Le fait aussi qu'il ne prenne pas souvent la peine de se déplacer en personne, préférant rester à Laeken, lors d'évènements officiels, faisait jaser et en décevait plus d'un.

Pour l'entourage de Baudoin, chargé de la destinée du pays, un homme, en l'absence d'une femme, a davantage de mal à s'affirmer et c'est ce qui se remarquait dans l'attitude de Baudouin que les gens jugeaient froid et hautain.

On vit tout défiler comme rumeur. La première fut que, très croyant, mal à l'aise dans le monde et dans sa fonction, Baudouin allait quitter son poste pour se retirer dans les ordres. Heureusement, ce fut l'époque d'un premier voyage dans notre colonie où l'on put le voir se dérider et sembler prendre à cœur son rôle et surtout, chose encore jamais vue jusque-là, Baudouin savait sourire. Mais ce n'était pas suffisant.

Une rumeur, même tout à fait non fondée, est le reflet de ce qu'est l'opinion et, ne l'oublions pas, c'est l'opinion des Belges qui donne au roi son image.

Baudouin n'est pas de la race des Sexe-Cobourg

Baudouin est atypique, c'est la première fois qu'un de nos rois ne rentre pas dans la vie publique avec une expérience confirmée et un goût certain pour la gent féminine. Cela alors que les Saxe-Cobourg, surnommés par certains les « Sexe-Cobourg » étaient réputés pour être de grands coureurs de jupons, incapables de résister à la moindre tentation charnelle et ne parvenant pas à repousser les avances d'une femme. Les figures les plus emblématiques du fonctionnement de cette famille étaient sans aucune hésitation celle de Léopold II, celui à qui l'on prête les plus beaux scandales et du régent Charles, lui qui eut les expériences les plus diverses en matière de plaisir.

Baudouin, c'est le moins que l'on puisse dire, était quant à lui loin de cette manière de fonctionner et de ces univers de débauche. Il allait même plus loin en semblant de surcroît ne manifester aucun intérêt pour la gent féminine. Ce ne fut pourtant pas faute d'espérer. Le premier moment où la nation dans son ensemble, les gens du gouvernement et de la cour croisèrent leurs doigts, ce fut lors du bal organisé au palais à l'occasion de la fameuse exposition universelle de 1958. Un bal qui n'avait plus eu lieu depuis 1934, soit presque un quart de siècle, serait certainement l'occasion rêvée pour Baudouin d'enfin être ému par un charmant sourire.

Pendant près de dix années, aucune relation amoureuse ne lui fût prêtée, si ce n'est des aventures absurdes dont les sources laissent à désirer. Les candidates des journaux étaient nombreuses, de Cécile de Bourbon à Brigitte de Suède, en passant par Gabrielle de Savoie.

Mais surtout, on avait noté que Baudouin, qui n'avait presque pas bougé de sa chaise aux côtés de la princesse de Réthy qui occupait avec lui la place d'honneur, avait ouvert le bal avec la princesse Beatrix des Pays-Bas, et accordé une danse à Isabelle d'Orléans.

Hélas, ce fut tout ce qu'on eut à se mettre sous la dent...Par la suite, il y eut une volonté de faire de Baudouin un nouveau Rainier de Monaco lorsque, au cours d'une halte à Hollywood, il posa à côté de la célèbre Debbie Reynolds. Mais il n'y eut jamais rien en commun entre les deux, mis à part cette photo et peut-être chez les deux, une capacité à fonctionner sous la pluie...

Pas de prétendante, pas de fiancée, pas d'aventure, une préférence pour la lecture de la Bible et la prière plutôt que l'amusement, des bruits qui le font renoncer à sa fonction et partir se cloitrer dans un monastère au fin fond d'une forêt. Tout cela fait naître une nouvelle rumeur dans la population et pas des plus anodines...

Le roi Baudouin était-il homosexuel ?

L'une des théories longuement évoquée au sujet de l'étrange célibat du roi Baudouin mettait en avant son homosexualité. Baudouin aurait refusé les nombreuses avances des dames de son entourage ou que le statut de reine faisait rêver, tout simplement parce qu'il était homosexuel et préférait par conséquent les pectoraux musclés aux poitrines gonflées !

D'autres raisonnements vinrent étayer la thèse que défendaient ceux qui voyaient un gay dans la personne de cinquième roi des Belges. Ces arguments n'étaient qu'un amalgame de poncifs mais essayons de nous replonger dans les mentalités pas encore franchement « évoluées » de la fin des années 50.

À cette époque où le style homo moustachu bardé de cuir n'avait pas encore sa place dans l'imagerie populaire, les pro « gay » trouvaient que le roi avait un côté féminin, détectable à la fois dans la voix et dans l'attitude, et il manquait de toute évidence de virilité. Être délicat et célibataire à l'époque faisait de vous un homosexuel...

Un autre argument mettait en avant le fait qu'un des collaborateurs du souverain aurait été homosexuel (nouvelle supposition) et n'avait pas été licencié preuve par A+B que le roi était proche de lui ou de ses préférences...

D'autres encore racontaient que le roi fréquentait les boites pour homo le la capitale française. Eux l'y avaient vu mais, par contre, les paparazzi qui déjà à l'époque faisaient la chasse aux têtes connues auraient en permanence raté Baudouin... Un Baudouin un peu coincé, timoré mais subitement s'éclatant dans les boites les plus huppées de Paris, cela sans que ni les services de sécurité belges, français ou les espions des pays de l'Est ne se doutent de rien. Timoré mais costaud le Baudouin...

D'autres partisans de cette théorique ne le voient pas à Paris mais ayant des aventures à Bruxelles, dont certaines avec de jeunes arabes issues de quartiers de Molenbeek.

C'est vrai qu'il est beaucoup plus facile en tant que roi de se faire discret dans sa propre capitale que dans les boites parisiennes...

Si ce n'est pas cela, ce sont des coiffeurs homosexuels qu'on lui envoie car, c'est bien connu, ils le sont tous. Et il est vrai que Laeken, c'est discret pour s'ébattre en se courant l'un après l'autre dans les couloirs du château.

L'absurdité de telles théories est manifeste. L'idée de liaisons homosexuelles est de toute évidence à mettre de côté.

Plus vraisemblable, mais ne signifiant rien, Baudouin a été *« signalé, dans les années 50, avec de jeunes hommes dans de beaux cabriolets*», révèlent les paparazzis de l'époque.

Plus étonnant, Roger Peyrefitte, le célèbre écrivain homosexuel français, écrit différentes choses qui choquèrent et laissèrent dubitatif, à propos de la sexualité de Baudouin. Notamment que «le jeune roi des Belges, qui n'est pas encore marié, rivaliserait avec son oncle, le comte de Flandre (Charles) pour l'un ou l'autre adonis». Par la suite, il place Baudouin en compagnie d'autres personnalités:

«Quand le Suédois Dag Hammarskjöld fut élu, en avril 1953, secrétaire général des Nations Unies, il était, avec le pape Pie XII, l'ex-roi Umberto II, Paul Ier de Grèce, Baudouin Ier de Belgique, le Prince Bernard de Lippe et le duc d'Édimbourg, le plus grand personnage de la comédie mondiale que l'on pût taxer d'avoir le goût des garçons. Je n'avais pas ajouté les rois et les princes arabes, parce que cela fait partie de leur métier.»

Dans *Propos secrets*, il parle à nouveau de cette révélation: «Baudouin, dont j'ai dit (sic) qu'il était homosexuel…»

Mais peut-on se fier aux considérations d'un homme qui, dans les mêmes pages, assène à longueur de texte des contres vérités comme: «*Les femmes intelligentes adorent les pédérastes.*» ou «*Même un saint ne saurait résister à la vue du plaisir que prend un garçon. Cette vue n'enflamme pas seulement les ermites et les pédérastes : elle est d'abord irrésistible pour les jeunes garçons eux-mêmes et pour les jeunes garçons entre eux.*» ou encore «*Quel plus beau souvenir pour un homme, que de savoir qu'il a été désiré par un autre homme quand il était jeune garçon?*». Toujours dans le même ton: «*Il y a un pays merveilleux qui, avec la Grèce, est le paradis de la pédérastie, c'est l'Italie. Et cela pour plusieurs raisons : une jeunesse nombreuse, une grande liberté, et un phénomène à moitié admis, car les Italiens sont essentiellement bisexuels.*» Nous ne savons pas si son œuvre a été traduite en italien, mais des propos comme ceux-là ont du faire se dresser les cheveux sur la tête de ses amateurs invétérés de jolies femmes...

Au final, on peut considérer que «*ses commérages, impliquant nombre de ses contemporains et insinuant l'homosexualité de plusieurs d'entre eux, (...) il y avait chez Peyrefitte un goût hâbleur, pervers, non dépourvu de vulgarité, pour la provocation publicitaire*». Attaqué par Peyrefitte, François Mauriac le qualifia d'«*assassin de lettres voué à l'oubli*», et Pierre Brisson, directeur du Figaro exaspéré par ces dénonciations, commente alors en reprenant la phrase de Saint-Simon : *« il est arrivé à un tel point d'abjection qu'on avait honte de l'insulter ».*

On peut donc ranger ces pseudo-révélations dans la catégorie des ragots sans fondement, destinés simplement à faire sensation.

Cette théorie continua cependant de travailler quelques esprits alors que Baudouin était déjà marié à la belle Fabiola. Cette dernière n'ayant pas encore donné au roi un héritier, cela faisait forcément jaser et, bien entendu, ce qui revint sur le devant de la scène ce fut que la vie sexuelle de Baudouin en compagnie de son épouse que l'on suggéra comme plate voire inexistante, parce que le roi préférait les hommes. Évident non ?

Ces rumeurs furent démenties par la suite, de manière malheureuse, lorsque les nombreuses fausses couches de Fabiola furent connues.

L'absence d'hériter ne venait pas des pratiques sexuelles incompatibles avec la reproduction mais bel et bien d'un souci de santé.

Au final, et comme conclusion, connaissant le personnage de Baudouin, qu'on l'aime ou qu'on ne l'aime pas, il y a une chose qu'on ne peut pas contester : c'est la sincérité de sa croyance absolue dans les principes du catholicisme. Et on ne peut imaginer cet homme transgressant l'interdit religieux, rétrograde mais réel, de l'homosexualité.

Baudouin, amoureux de sa belle-mère Lilian ?

Une autre rumeur défraya le chronique, même si ce fut bien des années plus tard. Elle laissa sous entendre que la relation, officiellement et naturellement, maternelle entre Baudouin et la seconde épouse de son père, Lilian Baels, était allée beaucoup plus loin que la simple complicité mère-beau- fils et qu'elle avait dépassé les limites des relations familiales normales pour transgresser le tabou de l'inceste.

Il est vrai que le prince royal, depuis l'arrivée de la jeune femme dans la famille, admirait beaucoup la princesse de Rhéty et il lui vouait presque un culte, voyant en elle un modèle de grâce et de beauté.

Lilian accordait, elle, également, une très grande attention aux enfants du premier lit de Léopold qu'elle considérait comme les siens. Et elle était particulièrement complice avec Baudouin, partageant nombre de moments d'intimité.

La complicité et l'amour maternel avec une belle-mère n'ont rien d'équivoque ou de choquant et relèvent plutôt de la réussite de la recomposition d'une famille. Si de tels faits ont été évoqués, c'est parce que l'historien de Karel De Clerck a, dans l'un de ses ouvrages, révélé certains propos recueillis grâce aux souvenirs d'une des grandes figures du Parti socialiste belge, qui fut à plusieurs reprises ministre et Premier ministre, Achille Van Acker.

Selon ce dernier, outre que le jeune Baudouin regardait Lilian avec une admiration presque amoureuse et qu'il perdait l'ensemble de ses moyens en sa présence, ce dernier et celle qui, devant les hommes, Dieu et la loi était sa belle-mère auraient bel et bien succombé, ensemble, au péché de chair dans les années 50.

Après 1975 et le décès de Van Acker, comme il convient de le faire, ses archives officielles furent transférées aux Archives du Royaume ou à l'Albertine. Ne restèrent en possession de la famille que ses notes personnelles, dont une sorte de petit agenda qui lui servait de pense-bête. Plus de vingt ans plus tard, le fils de l'ancien homme politique confia ces notes et ce petit carnet à De Clerck qui devait écrire une biographie de son père.

Quelle ne fut pas la stupeur de l'historien lorsqu'en décryptant, avec difficulté, ses notes manuscrites, il put lire des passages concernant Lilian et Baudouin dont il tira comme conclusion qu'à une certaine époque, celle qui s'écoula entre l'abdication de Léopold et l'arrivée de Fabiola, la personne qui fut dans les faits sur le trône de Belgique, prenant les décisions et donnant la marche à suivre, ce fut Lilian. Mais surtout, selon l'historien, il y aurait une « relation » entre Lilian et Baudouin.

Selon De Clerck, plusieurs remarques écrites par Van Acker conduisent à tirer cette conclusion. Les faits principaux auxquels il fait référence dans son carnet sont, en 1952, un voyage en train en Autriche au sujet duquel Van Acker écrit : « *Ils ont voyagé dans le même compartiment à couchettes... Il faudra parler de cette question au Conseil des ministres* » et que ces même « Ils », « *ne veulent pas que cela s'ébruite* ». Une autre note fait mention, l'année suivante, des vacances que Baudouin et Lilian passent ensemble sur la Côte d'Azur. Cette note dit : « *Baudouin subit un véritable envoûtement. Au téléphone, il lui dit : « Je suis à toi ». Il perd tous ses moyens. À la Noël, il déclare « Je ne te quitte jamais »...* »

Conclusion, bien entendu, Baudouin n'est plus homosexuel mais un incestueux gérontophile.

Et qui plus est, pas une relation d'un soir ou au cours d'un voyage, non, une relation qui aurait duré jusqu'à son mariage avec Fabiola.

Les affirmations de Karel De Clerck sont sujettes à caution car personne ne sait d'où l'ancien ministre les tenait et il n'était certainement pas dans le wagon se dirigeant vers l'Autriche, ni la nuit en train de hanter les couloirs de la résidence de Baudouin et Lilian sur la Côte d'Azur, pas plus que les nombreux informateurs que, selon l'historien, Van Acker aurait dans l'entourage de la famille royale.

Personne d'autre ne parle de ces incidents, ni les ministres de l'époque, ni les gens connaissant bien la princesse de Réthy.

La seule chose que tous s'accordent à dire c'est qu'une relation très forte et maternelle existait bien entre le jeune souverain et sa belle-mère.

Toutes ces rumeurs ont beau être facilement démontables, il n'en demeure pas moins que cela faisait de nombreuses années, trop nombreuses pour certains, que l'ancien et le nouveau roi vivaient sous le même toit dans le même château et que l'image n'était pas des meilleures à l'extérieur ou beaucoup se demandaient qui au final régnait.

Il n'y avait qu'une solution, il fallait que Baudouin trouve une femme, mène une vie normale, coupe le cordon avec son père et sa belle-mère et surtout fonde un foyer pour donner des héritiers à la couronne. Baudouin célibataire n'était plus au final du ressort de la sphère privée de l'individu, mais bientôt des affaires du pays en général et de l'État en particulier.

Une rencontre atypique et mystique

Il est vrai, tout le monde s'inquiète, mais ce n'est pas pour autant que Baudouin ne pense pas à « prendre femme ».

Que nenni, très bientôt le monde va découvrir que le cœur de Baudouin a franchi les plus hauts sommets des Pyrénées pour y succomber sous le charme d'une jeune femme issue d'une des meilleures familles espagnoles.

La rencontre entre Baudouin et Fabiola est des plus curieuses, presque digne du Moyen Âge. Certains imaginaient un premier contact dans l'une ou l'autre soirée mondaine ou un regard échangé lors d'un voyage d'affaires à l'étranger. Plusieurs histoires relatives à leur rencontre ont circulé. On a longtemps parlé d'un premier contact lors de l'Exposition universelle à Bruxelles de 1958, d'une visite officielle chez la reine Victoria ou encore d'une rencontre sur la Costa Brava. En réalité, c'est grâce à l'intermédiaire d'une « envoyée de Dieu » ou disons de l'Église que le Belge et l'Espagnole se sont trouvés.

Ils ont, mais à leur niveau, fonctionné comme certains à l'époque faisaient et font encore avec les agences matrimoniales aujourd'hui, même si Internet remplace cela de plus en plus. Une personne veut trouver l'âme sœur, celle de ses rêves, elle fait donc appel à un intermédiaire capable de lui offrir ce qu'il désire et, une fois que la personne répondant aux critères demandés est trouvée, il ne reste plus qu'à établir le contact, faire les présentations et voir si l'alchimie nait.

Revenons à ce qui s'est réellement passé, du moins d'après ce qu'une source digne de foi, c'est le moins que l'on puisse dire, comme le Cardinal à bien voulu le raconter.

En 1959, alors que son frère cadet vient d'épouser la superbe Paola, Baudouin se rend compte qu'il éprouve lui aussi l'envie et le besoin de connaitre enfin les joies de l'amour.

Après son voyage au Congo, il avait retrouvé le sourire, il lui fallait continuer à progresser. Un jour de février 1960, notre jeune roi marche dans le parc de Laeken, près de Bruxelles, aux côtés de Monseigneur Suenens, pas encore archevêque de Malines-Bruxelles ni Cardinal, mais évêque et ancien vice-recteur de l'Université catholique de Louvain pendant la guerre.

Leur conversation est des plus banales, ils parlent de tout et de rien lorsqu'elle dévie, par hasard, sur la ville de Lourdes, célèbre pour ses apparitions mariales. L'homme d'Église suggère alors à Baudouin d'aller visiter la ville et de s'y recueillir comme un simple pèlerin anonyme. Cela, à la grande stupeur du roi qui, interloqué, lui répond que justement il en revient, qu'il y a passé une nuit en prière devant la Grotte, et qu'il a prié en demandant à la Vierge du lieu de l'aider à solutionner le problème de son mariage.

À cette réponse, c'est l'évêque qui sursaute et répond au jeune monarque que Lourdes est pour lui aussi une ville importante, car il y a rencontré une personne remarquable, du nom de Veronica O'Brien, une Irlandaise qui dirige la Légion de Marie, une association de catholiques laïcs qui se mettent bénévolement au service de l'Église avec visite auprès des malades, de prisonniers, de personnes en difficultés, aide auprès de prostituées ou de droguées,...

La réaction du Roi est spontanée, il veut immédiatement rencontrer cette dame et il lui fait parvenir une invitation tout ce qu'il y a de plus protocolaire pour le 18 mars 1960.

L'audience s'éternisera, ils discuteront ensemble pendant près de cinq longues heures. Rentrée chez elle, Veronica O'Brien enverra une lettre au roi dans laquelle, en plus de lui offrir un livre intitulé *Le Secret de Marie et le Traité de la vraie dévotion*, elle lui dit qu'elle a beaucoup prié pour lui et que la vierge Marie est fortement préoccupée de son avenir à lui, plus encore qu'il ne pourrait l'être lui-même.

C'est quand ils se reverront pour la deuxième fois que Baudouin confiera à Veronica son souhait d'épouser une femme avec qui il pourrait partager ses profondes convictions religieuses.

Il lui semble qu'une femme comme celle-là ne pourrait être trouvée qu'en Espagne, pays, pense-t-il, où la religion est fortement restée enracinée. Pendant la nuit suivante, Veronica dira avoir reçu un appel du Seigneur lui disant de proposer au roi d'aller en Espagne pour l'aider à trouver une femme.

Très touché, le roi accepte de lui confier cette mission et toute sa confiance, le tout dans le plus grand secret.

Elle se met immédiatement à la tâche, se met en rapport avec le clergé espagnol et commence son enquête dans l'aristocratie du pays de Franco.

Une des candidates à ressortir rapidement du lot est une jeune femme, déjà âgée de trente-deux ans. Issue d'une des meilleures familles espagnoles, très catholique, elle passe le plus clair de son temps à s'occuper d'organisations caritatives. À Veronica qui lui demande pourquoi elle n'est pas encore mariée, elle répond que jusqu'à présent elle n'est jamais tombée amoureuse et qu'elle a mis sa vie entre les mains de Dieu en s'abandonnant à Lui. L'Irlandaise racontera que quand Fabiola l'a invitée dans son appartement, elle fut bouleversée d'y voir, accroché au mur, un tableau dont elle avait rêvé la nuit précédente...

Devant de tels augures, si favorables, le roi à qui le rapport, outre les caractéristiques psychologiques, précisait que Fabiola était «*grande, mince, bien bâtie, visage «good looking and striking*», pétillante de vie, d'intelligence, d'entrain, de droiture, de clarté. Visage ovale, cheveux touffus châtain clair, beau front. Bouche *peinte, généreuse, assez grande* », ne pouvait qu'accepter que Veronica révèle à Fabiola le but véritable de son incursion en Espagne et dans sa vie. Également, qu'il lui fasse part de son souhait de la rencontrer de manière officieuse. Il fallut l'intervention expresse du Nonce, Fabiola pensant être victime d'une méchante farce, pour qu'elle accepte de rencontrer Baudouin.

Les deux futurs amoureux se rencontrèrent alors à plusieurs reprises avant de faire ensemble un voyage à Lourdes, où leur complicité se développa. C'est devant la grotte sacrée qu'après de longues prières, ils se dire que Dieu avait décidé qu'ils étaient faits l'un pour l'autre et qu'ils pouvaient se marier.

Cette histoire étonnante, aux allures mystiques, resta secrète durant plus de trente ans. C'est le cardinal Suenens, dont le rôle fut d'une importance capitale dans cette rencontre, qui révélera à la Belgique l'origine de l'idylle. Et bien que cette manière de faire est, disons-le, pour le moins spéciale, c'est certainement un couple qui s'aima réellement et sans aucune interruption. Ce qui, il faut bien le reconnaître, à la cour de Belgique depuis 1831 était loin d'être monnaie courante.

Qui était Fabiola?

Fabiola est née le 11 juin 1928 à Madrid. Elle avait donc deux années de plus que son époux. Issue d'une des grandes familles très conservatrices et catholiques, elle était excellente musicienne et très bonne danseuse, ainsi que grandement passionnée par l'art et la littérature. On lui prête, en plein cœur des années 50, le début d'une relation sérieuse. Mais cette rencontre n'aboutit pas. Pour certains, le prétendant n'étant pas assez pieux au goût de la belle, pour d'autres, il aurait été mis au courant des problèmes de stérilité de Fabiola.

Un mariage à Bruxelles

Baudouin et Fabiola avaient été très discrets sur la relation toute platonique qu'ils entretenaient depuis qu'ils avaient enchainé les rendez-vous. C'est le 16 septembre 1960, aux alentours de midi, que l'annonce des fiançailles de Baudouin fut retransmise sur les ondes par le premier ministre de l'époque, Gaston Eyskens.

Cette annonce fit l'effet d'un coup de tonnerre dans la population, comme elle l'avait fait quelque temps plus tôt chez les membres de la famille royale. Un peu plus réticent suite à la discrétion dont s'était entouré le roi, le gouvernement belge fit, dans un premier temps, la moue, avant d'accepter la situation qui, au final, n'avait rien de catastrophique, que du contraire.

Si tous avaient été extrêmement surpris d'apprendre la future union de celui qui semblait jusque-là ne vouloir se marier qu'avec Dieu, tous étaient cependant très heureux et nombreux furent ceux qui clamèrent leur joie : le roi avait enfin trouvé chaussure à son pied !

L'accueil de la future reine se fit dans la joie dans sa nouvelle famille comme pour les Belges qui allaient enfin pouvoir acclamer une nouvelle reine ! Ils voyaient tous en elle une belle femme, pleine de douceur et de charme comme l'avait été la reine Astrid. Spontanée, timide et élégante à la fois, Fabiola incarnait l'épouse royale parfaite.

C'est par conséquent dans l'euphorie que se déroulèrent les festivités consacrées au mariage, le 15 décembre 1960. Les réjouissances commencèrent dès le matin avec le mariage civil dans la grande salle du Trône. Quelques heures plus tard, la cérémonie religieuse eut lieu à la Cathédrale des saints Michel et Gudule.

Vêtue d'une robe blanche à la traine extrêmement longue, Fabiola s'avançait, aidée de ses demoiselles d'honneur. Le mariage, malgré le froid glacial, se passa dans les meilleures conditions : la bonne humeur, les gestes d'amour, les rires et les sourires des plus jeunes, rien ne manquait au rendez-vous ! Phénomène nouveau, les citoyens belges avaient la possibilité de suivre en direct le mariage de Baudouin et de Fabiola, l'évènement étant retransmis à la télévision. La cérémonie de mariage du 15 décembre 1960 resterait sans nul doute dans les esprits. Rien n'avait été négligé, tout avait été conçu pour que les yeux brillent.

En plus d'être prestigieux, ce mariage était heureux ! Les nombreux gestes tendres et les regards amoureux échangés entre les deux protagonistes de la journée en dirent long sur les sentiments qu'ils éprouvaient l'un pour l'autre.

Un homme heureux…

Rappelons-le, Baudouin, jusque-là, n'avait pas toujours fait bonne figure devant son peuple. Quoi qu'il en soit, maintenant Baudouin et Fabiola touchaient les cœurs. Ce qui semblait leur importer plus que tout, outre le bon fonctionnement de la monarchie, était de vivre leur vie de couple de la manière la plus sobre possible, et surtout, de partager ensemble leurs passions.

Bagarre à Laeken

Suite au mariage royal, la relation de Baudouin et de Lilian, par la force des choses, va changer. Baudouin marié ne peut plus vivre sous le même toit que son père et que sa belle-mère. Ceux-ci furent donc priés de déménager et de prendre la direction de Waterloo et de son charmant domaine d'Argenteuil. La princesse de Rhéty, qui avait pris ses marques au palais depuis une dizaine d'années, n'apprécia pas ce brusque déménagement et n'accepta pas de passer si rapidement de la lumière à l'ombre. Il n'était en effet pas facile pour Lilian de se faire voler la vedette. Elle avait beau savoir qu'elle n'était pas très populaire, elle refusait pourtant coûte que coûte qu'une autre la renvoie dans les oubliettes de l'Histoire. Laisser tomber ses habitudes de « reine » constituait une réelle épreuve à ses yeux et la rendait hostile. De plus, la grande notoriété directement acquise par la reine Fabiola auprès des Belges avait de quoi susciter la jalousie et l'envie de celle qui a longtemps été considérée comme une « indésirable ».

Le déménagement ne se fit pas de manière sereine, Léopold et Lilian emportant avec eux sans en avoir l'autorisation une partie des meubles de Laeken, ce qui jeta un froid, bien entendu Comme aurait jeté aussi un froid, mais glacial celui-là, si la princesse de Réthy avait révélé à Baudoin les rumeurs concernant la probable stérilité de Fabiola qui couraient en Espagne et expliquaient qu'à 32 ans elle fut toujours célibataire. Mais encore une fois ce ne sont que des bruits, comment peut-on savoir qu'une femme est stérile sans avoir essayé ?

Le fait est que l'addition de tout cela fit que les relations entre Laeken et Argenteuil se figèrent et que la famille ne se vit pour ainsi dire plus, sauf à de très rares occasions.

Pas d'héritier pour Baudouin...

Alors que le peuple belge s'était fait une joie d'accueillir une nouvelle reine, il était d'autant plus impatient de voir apparaître le visage d'un nouvel héritier. Les nouveau-nés royaux provoquaient toujours l'euphorie et la venue de l'un d'entre eux constituait un des évènements les plus attendus du pays. C'est donc avec un enthousiasme débordant que les citoyens belges s'apprêtèrent à applaudir la venue au monde d'un nouveau prince ou d'une nouvelle princesse.

Leur attente ne fut toutefois jamais récompensée... Pour la simple et bonne raison que Baudouin et Fabiola n'eurent jamais le moindre enfant. Et pourtant, ce ne fut pas faute d'avoir essayé! Ils n'avaient pas du tout décidé de rester chastes et d'entretenir une relation purement platonique, comme leur parcours jusque-là aurait pu le faire penser.

Mais au cours de toutes ces années, la reine demeura malheureusement stérile, comme l'avaient été plusieurs membres de sa famille. Sa mère, elle-même, avant le mariage de sa fille avec Baudouin, disait d'ailleurs qu'elle craignait de ne pouvoir jamais devenir grand-mère. Malgré cette incapacité à enfanter, rien n'entrava la solidité du couple royal, que du contraire, ils en furent à chaque fois renforcés.

Pourtant, tout avait bien commencé... Au cours de l'année 1961, un communiqué annonça la venue d'un enfant royal dans les prochains mois. Tous les cœurs avaient bondi, d'autant que c'était le pape Jean XXIII qui, un peu maladroit, avait révélé au monde entier la nouvelle, que le roi et la reine avaient pourtant souhaité garder secrète.

Fabiola connaissait les risques et bien qu'elle espérait bel et bien devenir maman, c'est avec une certaine appréhension qu'elle avait dévoilé sa grossesse lors d'une visite au chef de l'Église catholique. Le monde entier avait donc été mis au courant un peu prématurément de l'arrivée d'un héritier.

Hélas, les choses ne se passèrent pas comme prévu et c'est avec énormément de chagrin que Baudouin et Fabiola durent annoncer la perte de l'enfant à naître.

Croissez et multipliez (Genèse 1:22,28)

C'est en 2009 que Fabiola révèle le nombre réel de ses fausses-couches. Il s'agit d'un nombre extrêmement élevé – cinq- et il ne fait aucun doute que la douleur devait être à chaque fois plus intense. En 1966, la reine subit à nouveau une grossesse douloureuse. L'annonce d'un heureux évènement avait au préalable été faite dans l'ensemble du pays et les citoyens retenaient encore une fois leur souffle, prévoyant déjà une possible issue «négative». Et ils avaient raison… Fabiola fit cette fois-ci une grossesse extra-utérine et dut subir une opération d'urgence. Mal au point, elle fut contrainte de suivre les recommandations des médecins afin de préserver au mieux sa santé, c'est pourquoi elle se fit davantage absente aux côtés de son époux au cours des mois qui suivirent. En plus d'être fragile physiquement, la reine venait à nouveau de perdre un peu plus de son moral, elle approchait doucement de la quarantaine, elle devait se rendre à l'évidence, elle ne pourrait jamais avoir d'enfant...

À chaque fois, les mauvaises nouvelles firent bien entendu pleuvoir les commentaires et les réactions furent parfois difficiles à supporter. Alors que presque tous tenaient à soutenir le couple dans ces moments difficiles, d'autres, beaucoup plus rares heureusement, dénigraient le couple incapable d'avoir une descendance. Lilian Baels elle-même reprocha à sa « remplaçante » sa première fausse-couche en pointant du doigt la faiblesse qu'il y avait pour une reine à ne pouvoir donner vie.

Une rumeur totalement absurde relative aux problèmes de grossesse de Fabiola vint alimenter les discussions dans le courant de ces années.

Certains avancèrent en effet que la reine, en 1966, avait tout simplement pris la décision d'avorter et qu'il ne s'agissait pas, en fin de compte, d'une fausse-couche. Selon eux, la reine avait été contrainte de choisir entre l'enfant et sa propre personne et au final avait choisi de privilégier sa vie au détriment de celle de l'enfant.

Outre le fait que l'avortement est un problème relevant la conscience de chaque personne, il aurait été étonnant, connaissant le côté on ne peut plus religieux de Baudouin et de Fabiola, qu'ils aient pu un seul instant recourir à cette solution. Souvenons-nous que c'est Baudouin qui refusera bien des années plus tard de signer la loi rendant légal l'avortement en Belgique.

Vers l'adoption ?

Ce n'est pas parce qu'on ne peut pas mettre au monde un enfant qu'il est impossible de devenir un jour parent. D'autres solutions sont évidemment envisageables, telle que l'adoption. Selon certaines sources, le couple royal avait envisagé cette possibilité avec beaucoup de sérieux. Fabiola, consciente qu'elle ne mettrait sans doute jamais au monde un enfant, semblait vouloir combler ce manque à tout prix. Il s'agissait d'une décision tout à fait légale : le roi et la reine avaient le droit de fonder une famille.

Le contexte de l'époque, nous sommes dans les années 60-70, s'y prêtait car les enfants belges du

Congo avaient perdu leur famille dans les soubresauts de l'accession à l'indépendance de notre ancienne colonie. Le roi Baudouin et son épouse avaient eu, parait-il, l'idée de prendre l'un ou l'autre de ces orphelins sous leurs ailes.

Le gouvernement, après avoir fait remarquer que des enfants adoptés n'auraient pu prétendre au trône, aurait vu cette action également d'un très bon œil.

Alors pourquoi le couple royal belge s'est-il, au final, abstenu d'offrir à des enfants le foyer et la protection qu'ils désiraient tant ? Le mystère reste entier et très peu d'informations ont été percées à ce sujet, les époux étant toujours restés discrets.

Toutefois, il y a plusieurs raisons de penser qu'ils ont certainement préféré annuler leur projet car le prince Philippe, le fils aine d'Albert II, avait de toute façon la certitude de monter sur le trôner et qu'il avait en outre toute l'affection de Baudouin et de Fabiola qui le considéraient un peu comme leur propre fils. Ces derniers se sont alors contentés de choyer et de suivre l'éducation de ce neveu. Au final, ils trouvèrent même une justification divine à cet état de choses, Baudouin déclarant : *«Nous nous sommes interrogés sur le sens de cette souffrance. Peu à peu, nous avons compris que notre cœur était plus libre pour aimer tous les enfants, absolument tous les enfants».*

Le roi Baudouin, bienfaiteur de la condition des femmes?

Au début des années 90, le roi Baudouin se passionne pour les travaux de Chris De Stoop, journaliste belge, qui est on ne peut plus engagé dans la lutte contre le commerce des femmes à travers notamment un livre à succès *Ze zijn zo lief meneer,* traduit en français par *Elles sont si gentilles, monsieur.*

Baudouin le reçoit en audience, veut en savoir plus sur le problème et, à la fin de celui-ci, promet au journaliste qu'ils mèneraient ensemble le combat contre ce fléau.

Chris De Stoop raconta également la visite de Baudouin à Anvers où il a discuté avec cinq prostituées. Une d'elles, présente à l'enterrement de Baudouin, était tellement émue qu'elle fut incapable de dire quoi que ce soit.

Pourquoi parler de cet engagement parmi d'autres ? Parce qu'il se serait avéré qu'après le décès de Baudouin des cassettes contenant du matériel pédopornographique auraient été retrouvées dans son appartement privé et, pour expliquer cette découverte, on a dit que Baudouin s'était plongé à ce point dans la lutte contre l'exploitation des femmes et que ces documents faisaient partie de ses dossiers. Cet homme pieux, bigot diront certains, n'était plus là pour entendre ça.

Pour certains, il s'agissait d'une façon pour le roi de prendre conscience de la noirceur du monde dans lequel il vivait et de se confronter aux mœurs et aux délits sexuels les plus effroyables.

Sa mort, dans la chaleur étouffante de l'été 93 en Espagne, lui évita au moins d'avoir à entendre de pareilles rumeurs.

Parti prématurément, alors qu'il n'était âgé que de 63 ans, c'est le seul roi belge à ne pas avoir eu à subir des accusations d'adultère. Encore plus étonnant en plus d'un siècle et demi, c'est certainement le seul à ne jamais avoir trompé sa femme.

Par contre, l'Histoire et l'opinion publique se vengèrent bien. Il n'eut jamais la joie d'être père et on l'accusa tour à tour d'homosexualité, de pédérastie et même, à travers ces fameuses cassettes, de pédophilie...

Albert et Paola

« Je te trompe, tu me trompes »

Un peu comme pour perpétuer une tradition familiale tacite, Albert, second fils d'Astrid et d'Albert, va développer en grandissant un caractère qui sera l'inverse de celui de son frère aîné.

À l'instar, on se souvient de leur père avec le prince Baudouin, ou de Charles qui fera tout pour devenir l'antithèse de son frère Léopold, Albert et Baudouin vont développer deux personnalités différentes. Baudoin étant plutôt de nature réservé, calme et fort respectueux, alors qu'Albert se montre plus frondeur, aventurier, ayant un goût certain pour outrepasser les interdits et trouvant plus de plaisir dans la prise de risque que dans le confort de l'inaction.

Mais à l'inverse de Charles et Léopold, malgré leur approche différente de la vie, Albert et Baudouin vont développer un vrai lien fraternel, une vraie complicité.

Cela s'explique sans doute par le fait que l'origine de leur différence de caractère n'est plus cette fois-ci l'obligation de l'un de vivre dans l'ombre de l'autre, ni d'un favoritisme de la part de leurs parents pour l'un plus que pour l'autre. Ce qui va expliquer cette différence, c'est en tout cas l'hypothèse la plus souvent citée, est leur réaction au décès de leur mère.

Nous avons évoqué le drame que représenta la mort d'Astrid pour Baudouin âgé alors de cinq ans, à quel point cela l'avait irrémédiablement affecté. En revanche, Albert a à peine un an lors de l'accident. Difficile pour lui de ressentir le même manque que son frère.

On ne sera pas surpris, dès lors, que Baudoin et Albert deviennent deux adultes et deux rois fort différents.

Si le jeune Baudouin donne une image d'un jeune homme un peu mélancolique, voire dépressif, auprès de la population, Albert, lui, par son air enjoué et son sens humour, reçoit un meilleur accueil auprès du peuple belge.

Mais s'il est bien un domaine où les deux frères vont vraiment être l'opposé l'un de l'autre, c'est celui de leur vie sentimentale. Nous avons vu que

Baudouin sembla se complaire dans l'abstinence la plus complète jusqu'à l'apparition dans sa vie de Fabiola. Albert, de son côté, va renouer avec une longue tradition chez les Saxe-Cobourg en matière de conquête féminine.

Rencontre avec Paola

C'est alors qu'il doit se rendre, à la place de son frère, au Vatican, le 28 octobre 1958, pour représenter la Belgique lors de la cérémonie d'investiture du nouveau pape, Jean XXIII, qu'Albert va apercevoir pour la première fois celle qui deviendra son épouse.

Le baron Poswick, qui officiait à cette époque en tant qu'ambassadeur de Belgique dans la cité du Vatican, avait organisé une réception pour saluer la venue d'Albert. La soirée était déjà bien avancée, lorsque, parmi les danseuses, le regard d'Albert découvrit le visage souriant aux yeux pétillants de Paola Ruffo di Calabria.

Pour Albert, c'est le coup de foudre, dès l'instant où il l'aperçut, il n'y avait plus aucun doute possible, il s'agissait là de la femme de sa vie. Il ne lui restait plus qu'à convaincre l'élue de son cœur. Ce qui fut grandement facilité par le fait que Paola était aussi tombée sous le charme d'Albert, en tout cas, si on en croit Mariana Poswick, amie et confidente de Paola, témoin privilégié de cette passion aussi soudaine que réciproque.

Désireux de ne pas en rester à cette rencontre fortuite, Albert décida de prolonger d'une semaine son séjour à Rome afin de pouvoir passer le plus de temps possible avec la jeune Paola et ainsi apprendre à mieux se connaître.

Le couple enchaîne les activités, visites de musée, promenades dans les parcs, pique-niques ou restaurants renommés... Mais pas question pour les deux jeunes tourtereaux de se laisser aller à des épanchements trop frivoles, toutes ces sorties se déroulant sous l'œil vigilant de la fille du baron Poswick, qui leur sert de chaperon. Cela n'empêche toutefois pas les nouveaux amoureux de sortir certains soirs en discothèque ou d'oublier les limitations de vitesse lors d'escapades en voiture de sport.

Ne pouvant prolonger son séjour italien indéfiniment, Albert doit se contraindre à rentrer en Belgique. La distance lui rendant sa bien-aimée encore plus désirable et la certitude d'avoir trouvé la femme qu'il lui faut, il profite du réveillon de

Noël 1958 pour annoncer officiellement à toute la famille son amour italien.

C'est avec un grand soulagement que la nouvelle fut accueillie, espérant que l'amour adoucirait les ardeurs jusque-là un peu dissolues en matière d'amour du jeune Albert. Seul, peut-être Baudouin, qui est de quatre ans son ainé, devait le jalouser un peu de sa réussite en amour, lui qui n'arrivait pas à trouver la personne idéale.

La famille royale ayant donné son consentement, Albert se précipita en Italie annoncer la bonne nouvelle à Paola. Il faudra, sans qu'on n'en connaisse la raison, un mois à la jeune italienne pour enfin répondre par l'affirmative à la demande d'Albert.

L'annonce du futur mariage princier fut bien accueillie par la population, le dernier mariage royal en date remontant à celui de Léopold et Astrid.

C'est donc le 2 juillet 1959 que leurs destins furent scellés. S'étant rencontrés au Vatican, les jeunes époux avaient espéré que la cérémonie fut célébrée en ce lieu sacré et bénie par les mains du pape, qui avait déjà donné son accord de principe. Mais un mariage princier n'est pas chose anodine. Les affres de la guerre étant encore fort présentes au sein de la population, on préféra la ville de

Bruxelles, permettant, en plus, aux Belges de se changer un peu les idées en assistant directement aux festivités. C'était aussi l'occasion de réunir la Belgique, que la Question royale avait tant divisée, autour de la famille du souverain. Et malgré le temps maussade, l'opération de séduction fut une réussite.

Peu de temps après, le peuple belge eut une nouvelle raison de se réjouir, le palais annonçant que le couple princier attendait un heureux événement. C'est le 15 avril 1960 qu'un garçon prénommé Philippe vint agrandir les rangs de la famille du prince de Liège. Suivi deux ans plus tard par Astrid, le 5 juin 1962 et le 19 octobre 1963 par Laurent.

Si ce beau mariage et les trois naissances successives donnèrent l'impression que le bonheur régnait au palais et que la passion unissait Albert et Paola, la réalité était pourtant tout autre.

Il semble en effet que depuis la naissance de Laurent, plus rien n'allait vraiment bien au sein du couple. Se disputant pour un oui ou pour un non, l'harmonie des premières années faisait place de plus en plus aux divergences et faisant apparaître deux personnalités que beaucoup de choses opposaient.

Puisque visiblement ils ne trouvaient plus le bonheur l'un auprès de l'autre, il devenait presque inévitable qu'ils se tournent vers d'autres pour combler leur manque.

Paola, ou l'anti-Fabiola

Au fur et à mesure que l'amour disparaissait de son couple, un sentiment de nostalgie envers son pays natal et sa famille se fit de plus en plus ressentir chez Paola. La tristesse qu'affichait ouvertement celle-ci d'être aussi loin de chez elle et des siens ne plut pas au peuple belge, qui ne lui trouva plus que des défauts.

On lui reprochait d'être une femme égoïste, seulement préoccupée par sa petite personne, juste bonne à user des avantages que lui offrait sa position. Fabiola, elle aussi loin de ses racines, s'imposa alors comme modèle aux yeux des Belges.

Si les deux frères avaient des caractères bien opposés, il en allait de même de leurs femmes. Paola donnait l'image d'être une femme vive et légère, s'intéressant à des choses futiles comme la mode, alors que Fabiola était plus austère et traditionnelle.

La façon de s'habiller des deux femmes suffisait à comprendre le gouffre qui pouvait les séparer.

Mais surtout, alors que Paola passait beaucoup de son temps à chercher à plaire, Fabiola occupait son temps à s'occuper de diverses œuvres de charité, s'imposant par sa simplicité, comme la reine idéale.

La presse s'en donna alors à cœur joie pour renforcer l'image d'une Paola vaniteuse et frivole. On l'a montrait dans les bras d'hommes à chaque fois différents lors de soirées mondaines, ou bien on la montrait contrariée pour des futilités comme l'annulation d'une de ces soirées suite au décès de John Fitzgerald Kennedy.

Aucune de ses maladresses ne lui fut épargnée. Ainsi, la presse se fit des choux gras lorsqu'en 1969, on lui refusa l'entrée de la Basilique de Rome à cause de sa tenue trop légère.

Enfin, comme nous sommes en Belgique, le fait que Paola ne maitrisait pas le néerlandais, et surtout semblait ne faire aucun effort pour remédier à cette lacune, ne joua pas en sa faveur dans sa conquête des cœurs.

Il faudra d'ailleurs attendre 1993, année où elle devient reine, pour qu'enfin les Belges lui accordent à nouveau de l'intérêt.

Mauvaise mère

Mais revenons au problème de couple entre Albert et sa femme. La vie commune est devenue un tel enfer pour eux qu'il n'est plus possible de partager un repas avec leurs enfants sans que cela ne tourne à l'orage. Ne pouvant plus supporter la vue de l'autre, ils passent plus de temps à se fuir et à chercher le bonheur ailleurs qu'à essayer de mettre les choses à plat. Et comme souvent dans ces situations-là, ce sont les enfants qui en font les frais.

Albert, aussi bien que Paola, semble alors se désintéresser complètement de l'éducation et du sort de leurs enfants. À un tel point qu'il arrivera à ceux-ci d'avoir à fêter Noël, seuls, laissés à la garde des domestiques du château...

Afin de justifier la façon originale d'éduquer leurs enfants, Albert expliquera que c'était pour lui une façon de permettre à ses enfants de grandir comme les enfants de monsieur Tout-le-Monde aux contacts d'autres enfants. C'est dans ce sens qu'il inscrivit Philippe aux scouts. Si l'intention était louable, le fait qu'Albert crée une section de louveteaux de toutes pièces pour accueillir son fils rendait les chances de Philippe de faire des rencontres, en dehors de son monde, plus que minimes.

Albert et Sybille

Puisqu'il ne supportait plus sa vie de famille officielle, Albert va se créer une famille de remplacement ailleurs, du côté d'Uccle.

Depuis quelque temps, Albert s'est trouvé une femme plus compatible avec son caractère : la baronne Sybille de Sélys Longchamps. Ses navettes entre le palais et le domicile de sa maîtresse vont devenir tellement fréquentes que plus personne au palais n'ignore la double vie d'Albert.

Et si Albert se sent aussi bien auprès de Sybille, c'est parce qu'il partage les mêmes déboires dans leur vie sentimentale. Elle est, elle aussi, dans les faits séparée de son époux officiel.

C'est à Knokke qu'Albert et Sybille s'évadent le plus souvent pour pouvoir vivre leur liaison le plus tranquillement possible.

Le 22 février 1968, une petite fille verra le jour et recevra le prénom de Delphine. Un prénom aujourd'hui connu de tous depuis puisque, pour certains chroniqueurs, elle n'est autre qu'un enfant adultérin d'Albert et qu'elle a entamé des démarches devant la justice pour que ceci soit reconnu.

Si le secret de cette fille naturelle potentielle avait longtemps été gardé éloigné des oreilles du grand public, il n'en fut pas de même de Paola et du palais qui en fut averti.

Le couple alla presque jusqu'au divorce, chose que ne pouvait admettre Baudouin. Albert, au risque de tout perdre, dut mettre fin à sa relation et rentrer dans le rang. Sybille et Delphine, elles, partirent vivre de l'autre côté de la Manche, à Londres.

Mais même bien gardé, le secret finit par être rendu public. Si l'affaire avait été quelque peu éventée par deux journaux satiriques en 1997, c'est la veille du mariage de Philippe et Mathilde, en 1999, que le scandale va vraiment exploser.

Et le responsable n'est autre qu'un jeune journaliste néerlandophone de 18 ans, Mario Daneels. C'est lui qui révéla l'existence de Delphine dans un ouvrage consacré à la famille royale Paola, van la dolce *vita to koningin*.

Mis aux pieds du mur, Albert se sentira obliger de faire une mise au point lors de son discours la veille de Noël 1999 :

« La Reine et moi, nous nous sommes remémoré des périodes très heureuses, mais aussi la crise que notre couple a traversée il y a plus de 30 ans. Ensemble, nous avons pu, il y a très longtemps déjà, surmonter ces difficultés et retrouver une entente et un amour profonds. Cette période de crise nous a été rappelée il y a peu. Nous ne souhaitons pas nous appesantir sur ce sujet qui appartient à notre vie privée. Mais, si certains qui rencontrent aujourd'hui des problèmes analogues pouvaient retirer de notre expérience vécue quelque motif d'espérer, nous en serions si heureux. »

Delphine, la lutte continue…

Delphine et sa mère quittèrent la Belgique pour s'installer en Angleterre. L'enfant n'avait alors que 6 ans. Pour elle, l'homme qu'avait fréquenté sa maman durant tant d'années n'était pas son père. Celui qui l'était officiellement n'était autre que Jacques Boël, le mari de Sybille, à qui celle-ci demanda le divorce l'année de son départ vers le Royaume-Uni.

Élève à l'école du Rosey en Suisse, comme Baudouin et Albert entre autres, elle détesta cette atmosphère.

De retour à Londres, elle se lance dans la création artistique et elle s'installe à Portobello Road où elle ouvre son propre atelier de sculpture et rencontre un certain succès.

La jeune femme, qui était devenue depuis 1999 aux yeux de tous l'enfant illégitime d'Albert pendant des années, n'a rien dit.

Comme sa mère qui, outrée de voir les journalistes débarquer dans sa vie privée, dira, avec beaucoup de grandeur, que tout cela relevait de la sombre manœuvre politique et qu'elle trouvait triste que son pays se laisse salir ainsi au moment du mariage si romantique de Philippe et de Mathilde. Sa devise à elle était claire : « Pour vivre heureux, vivons cachés ». Remariée depuis 1978 avec un riche industriel, elle n'avait pas la moindre envie de revoir surgir ses aventures amoureuses d'antan et tenait surtout à ne pas être mêlée au moindre scandale politique.

Le peuple belge, non plus, n'a pas réagi négativement. Il faut dire que la tradition des enfants adultérins, vrais, supposés ou faux dans notre famille royale est presque une marque de fabrique. Ce qui semble le plus choquer à l'heure actuelle c'est qu'Albert II, même s'il a parlé de l'évènement à demi-mot, n'a pas voulu reconnaitre celle qui pour beaucoup est effectivement sa fille et qui aujourd'hui veut faire valoir ses droits devant la justice. Ne pas s'occuper des enfants conçus hors mariage va à l'encontre de la tradition familiale et royale. Selon Mario Daneels, ce serait en réalité Paola qui refuse catégoriquement que son époux reconnaisse sa fille naturelle.

Une sombre histoire de call-girls

En plein cœur des années 70, Albert et Paola n'avaient pas encore réussi à retrouver leur amour des premiers temps. Ils restaient ensemble pour la forme et par la volonté du palais qui les avait menacés de perdre tout en cas de divorce.

À cette époque, le prince ne partageait plus la vie de sa maîtresse Sybille Longchamps, laquelle avait refait sa vie en Grande-Bretagne aux côtés de sa fille et d'un nouvel homme.

Albert avait désormais le champ libre, si l'on peut dire, puisque son cœur n'appartenait plus à personne. À partir de ce moment, il vécut une vie de joyeux drille animant de nombreuses fêtes à Bruxelles et dans l'arrière-pays.

1976 : 9 milliards de pots-de-vin, le scandale Eurosystem Hospitalier

En 1975, le prince Albert, notre futur ex-roi, dirige une mission économique en Arabie saoudite. Durant cette mission, un contrat de 36 milliards de francs est signé pour la construction de deux hôpitaux, un à Rijad et l'autre à Djeddah. Afin de réaliser les travaux, un consortium est mis en place sous la dénomination de Eurosystem Hospitalier (ESH). Le rôle du prince, dans l'obtention de ce faramineux contrat, est loué aussi bien par la presse que par le monde politique. Mais voilà, le beau et ambitieux projet ne tarda pas à tourner au fiasco et le 20 juillet 1979, le tribunal de commerce de Bruxelles déclare la faillite de ESH. Face à une telle faillite, une enquête est menée par le Comité supérieur de contrôle et l'Inspection spéciale des impôts. Il apparaît que 9 milliards du montant total du contrat ont été utilisés sous forme de commissions, comprenez pots-de-vin, pour finir de convaincre les Saoudiens. Le frère du roi ayant côtoyé des hommes d'affaires et des sociétés mêlées à des pots-de-vin, ça ne fait pas très bon genre. D'autant qu'on découvre que 4,5 milliards de francs (112,5 millions d'euros) de commissions payées à Eurosystem ont été transférés vers des comptes secrets en Suisse.

Quatre Belges auraient bénéficié d'un milliard de commissions qu'ils oublièrent de déclarer au fisc. L'enquête, bien entendu, ne permet pas d'identifier ces personnes... Le prince Albert, à l'époque, n'aurait pas du tout apprécié la façon dont le ministre des Affaires étrangères avait géré le dossier. Henri Simonet réplique directement au prince en rédigeant un mémoire justificatif précisant que son action avait été dictée par le souci de préserver la réputation du prince et de la famille royale.

Comme si l'affaire n'était pas déjà suffisamment embêtante comme ça, elle va aussi révéler au grand jour un scandale sexuel. On se rend compte que certaines des « commissions » ont été payées en nature. On découvre que, quelque temps avant la signature du contrat, Eurosystem Hospitalier a engagé comme « attachée de relations publiques » (c'est le cas de le dire), une certaine Israël Fortunato, alias Madame Tuna. Celle-ci avait, fin des années 60, créé un réseau de prostitution de luxe connu sous le nom « Le cercle de Tuna », et s'était spécialisée dans l'organisation de partouzes. Dans le cadre de ses activités, elle avait fait la connaissance d'un des industriels du consortium qui l'aurait engagée dans le but de fournir des filles pour tenir compagnie à certains hommes d'affaires lors de leurs voyages à l'étranger. Ces filles étaient des prostituées, comme Israël l'expliquera elle-même aux policiers. Au moment où l'affaire éclate, le « cercle » de Tuna a été repris par une certaine Lydia Montaricourt. Quand on enquêta sur Lydia et Israël, on trouva des carnets d'adresses et des listes de noms de clients, même un plan de table, dressé pour une de ces chaudes réjouissances, là aussi avec des noms. Parmi ces noms, on retrouve la plupart de ceux cités dans les dossiers de sexe qui défrayèrent la Belgique de ces années. On juge le tout et, bien entendu, seule la fameuse Lydia est condamnée à 15 mois de prison.

Lorsqu'on voulut, plus tard, réexaminer le dossier, il se produisit ce qui est très fréquent chez nous : pas moyen de remettre la main sur l'ensemble du dossier. Certaines pièces ne sont plus dedans comme, évidemment, les documents comportant les fameux noms. Pour l'anecdote, un des protagonistes de cette affaire, condamné en 1992 à quinze mois de prison avec sursis et 500 000 francs d'amende pour fraude fiscale, sera fait Officier de l'Ordre de Léopold II.

1979 : les ballets roses de l'« affaire Pinon »

En 1979, les « ballets roses » vont faire leur entrée dans l'Histoire de la Belgique pour ne plus vraiment la quitter. Pour rappel, cette expression de « ballets roses » a été inventée vingt ans plus tôt par le journaliste Georges Gherra de France-Soir à l'occasion d'une affaire française, pour désigner des orgies sexuelles organisées par des adultes aux dépens de jeunes filles. Une affaire qui éclata en France en 1959, lorsqu'on découvrit que des policiers et des notables, ainsi que le président de l'Assemblée nationale française, organisaient des orgies sexuelles avec des mineures à partir de treize, quatorze ans. Au programme de ces fêtes libertines, il y avait entre autres des séances de strip-tease, des séances de poses dénudées et, ce qui donna son nom à la chose, certaines chorégraphies érotiques.

En cette fin d'été 1979, rien ne va plus dans le couple Pinon. André, le mari, psychiatre de son état, est persuadé que sa femme le trompe. La rupture devient inévitable. Une procédure est engagée devant le juge de la jeunesse de Nivelles pour déterminer à qui reviendra la garde des enfants. Pinon met de plus en plus la pression à sa femme, Jeanne, pour obtenir des aveux sur d'éventuelles relations extraconjugales. Elle finit par craquer et lui avoue avoir pour amant un médecin, et même participer quelquefois à des partouzes organisées dans la villa de celui-ci. À ces partouzes prendraient part des gens importants et des mineurs. Persuadé que les infidélités de sa femme lui permettraient de faire pencher la balance en sa faveur pour l'obtention de la garde des enfants, il décide, avec la complicité d'un détective privé, de réinterroger sa femme sur ses aveux et d'enregistrer ceux-ci à son insu. Si le plan fonctionne, les aveux sont moins complets qu'initialement, sa femme se contentant d'avouer participer à des partouzes. Mais pour Pinon, c'est largement suffisant pour convaincre le juge de la jeunesse. Début septembre, André Pinon débarque au commissariat de Rhode-Saint-Genèse pour signaler que son domicile a été cambriolé. Il explique que rien n'a été volé et commence alors à expliquer ce que sa femme lui a avoué, car pour lui il n'y a aucun doute, ce sont les enregistrements contenant les précieux aveux que sont venus chercher les cambrioleurs à son domicile. Il explique qu'il a très peur et pense que sa vie est en danger. Suite à cette déposition, une enquête est ouverte pour faire la clarté sur ces graves accusations. Le procureur du Roi en charge de l'affaire, demande à ce que soit entendue l'épouse qui, bien entendu, nie tout. À la même période, le corps d'une femme est retrouvé sans vie dans une chambre de l'Holiday

Inn de Machelen. Une boîte de somnifères, vide à ses côtés, laisse penser qu'il s'agit là d'un suicide et ce sera aussi l'avis du Parquet de Bruxelles. Mais voilà, cette femme n'est pas n'importe qui : il s'agit de l'épouse d'un médecin que madame Pinon avait dit faire partie des partouzeurs. Pour l'époux Pinon, cette mort suspecte est la preuve que quelque chose ne tourne pas rond. Sa femme ayant obtenu la garde des enfants, il s'inquiète de plus en plus pour eux, qui pourraient selon lui finir par se retrouver dans ces parties fines. Pinon rencontre une autre femme engagée aussi dans une procédure de divorce gérée par le même juge de la jeunesse que lui. Elle lui confie avoir participé aux mêmes partouzes que son ex-femme et elle cite des noms de participants, toutes des personnes en vue, qui vont de la famille royale jusqu'à des hommes politiques, en passant par un général de gendarmerie et des hommes d'affaires influents. Elle confirme aussi la présence de mineurs, précisant que deux d'entre eux se sont suicidés après avoir participé à ces parties fines. En 1980, aucun élément concret n'étant apparu lors de l'enquête, l'affaire est classée sans suite sans que, malgré tous leurs efforts, le moindre mineur soi-disant impliqué n'ait pu être identifié par la police.

Constatant que rien ne bouge pour dénoncer le scandale, Pinon décide de contacter la presse. Il s'adresse d'abord à *Nouvelle Europe Magazine*, qui est étiqueté extrême droite. Mais le comité de rédaction, dubitatif quant à la véracité des faits relatés par Pinon, préfère s'abstenir du scoop. Il s'adresse alors à l'autre extrémité, au rédacteur en chef de la revue *Pour*, Jean-Claude Garot. Afin de prouver la véracité de ce qu'il avance, Pinon propose d'organiser une rencontre avec sa femme . Un souper est donc organisé le 18 juin 1981 au cours duquel Pinon présente Garot comme un ami, de peur que la présence d'un journaliste ne l'intimide. Elle ne se doute pas non plus qu'un magnétophone enregistre la conversation. Et à nouveau, elle explique tout. La retranscription de l'enregistrement fait état d'une conversation assez confuse, durant laquelle des noms sont cités, des endroits, on parle de mineurs, de suicides, du juge de la jeunesse, du prince Albert en tant qu'organisateur des orgies… Tout est dit mais sans vraiment le dire. Lorsqu'à la fin du repas, on lui révèle que Garot est en fait un journaliste, elle se rétracte et menace de tout nier. Le 5 juillet un incendie réduit en cendres les locaux et l'imprimerie du journal *Pour*. Pour Garot, il ne fait aucun doute que c'est lié à l'affaire Pinon. Il sera démontré plus tard que l'incendiaire faisait partie d'un mouvement d'extrême droite, *Front de la Jeunesse*, dont les motivations étaient d'empêcher la revue de dévoiler l'existence de camps d'entraînement de l'extrême droite en Belgique. Sur le moment, en réaction, Garot remet le fameux enregistrement à la justice qui va l'interroger ainsi que l'ex-femme de Pinon.

Cette dernière explique qu'elle avait bu et qu'elle a inventé tout cela pour faire plaisir à son ex-mari, cherchant ainsi à le réconforter face à sa tristesse d'avoir perdu la garde de ses enfants.

Depuis, l'affaire Pinon est devenue une sorte de monstre du Loch Ness qui pourrait faire ou aurait pu (car les prétendus participants sont soit à la retraite, soit décédés) faire exploser la Belgique du jour au lendemain s'il était révélé. Mais comme on n'a au final jamais rien su prouver, elle reste à l'état de légende urbaine.

Malgré cela, depuis son apparition, à chaque fois qu'une affaire inexpliquée ou inexplicable impliquant le monde des affaires et le monde politique défraye la chronique, le dossier Pinon n'est jamais loin. Ce fut par exemple le cas pour les Tueries du Brabant. Certains meurtres auraient été commis pour faire disparaître des témoins gênants ou ayant connaissance du fameux dossier quand ce n'est pas pour récupérer les cassettes vidéo des orgies décrites dans l'affaire Pinon.

En 1990, le dossier Pinon refait encore surface. Alors que la « Commission d'enquête sur le banditisme et le terrorisme », devant faire le point sur les grands dossiers belges en la matière (CCC, Tueries du Brabant,…), bat son plein, une émission de VTM permet au député Hugo Coveliers (Volksunie à l'époque) de redonner vie à la théorie de « ballets roses ». Durant l'émission, une prostituée accuse en les nommant un certain nombre de personnalités d'avoir participé à des partouzes avec des mineurs. Les propos de la jeune femme sont soutenus par Coveliers qui les estime fiables. Il exprime même son désir de réclamer une enquête sur le sujet. L'accusatrice est cependant rapidement identifiée et sa parole aussi vite mise en doute. En effet, il s'avère qu'elle est connue des gendarmes comme une mythomane et qu'elle avait été condamnée en 1977 pour faux témoignage. Elle finit par revenir sur ses déclarations expliquant qu'elle n'avait rien vu, mais entendu dire que... L'affaire se dégonfle encore une fois comme un ballon de baudruche.

Mais cela ne refroidit pas la Commission. On se souvient soudain qu'une affaire où on évoqua le même genre de faits que ceux-ci avait été ouverte en 1981. Et vlan, revoilà le dossier Pinon. Après plusieurs séances à huis clos, la commission décide de demander au ministre de la Justice, d'examiner cette affaire et de voir s'il n'existe aucun lien avec l'affaire des Tueries du Brabant. Mais cette remise en lumière du dossier Pinon n'apporte rien, on ne prend même pas la peine de réentendre les protagonistes enregistrés. Bien plus tard, on reparlera à nouveau de « Ballets roses », les témoins porteront cette fois-ci des noms de code X1, X2, X3… Mais c'est une autre histoire.

Albert joyeux drille aimant les femmes, une à la fois ou plusieurs en même temps, comme ceux de sa lignée certainement. Mais de là à en faire une sorte de vampire débauché, assoiffé de sang, il y a un pas à ne pas franchir.

Paola trompait-elle Albert ?

Les choses n'allaient plus très bien au sein du couple et, bien qu'ils faisaient tous les deux en sorte de paraître épanouis et heureux en public, cela ne fonctionnait pas vraiment. Par exemple, sur les photos qui paraissaient dans la presse à la fin des années 60, Paola avait l'air mélancolique, triste et loin d'être l'amoureuse qu'elle était une dizaine d'années plus tôt. Paola, de toute évidence, avait perdu sa joie de vivre et son enthousiasme.

Faute à Albert qui menait soit une double vie, soit, par la suite, une vie faite d'amusement et de rencontres les plus diverses. Mais faute aussi à Fabiola qui, dès le départ, n'apprécia pas une belle-sœur effectivement belle, aimant la vie et ses plaisirs et ayant le mauvais goût d'oser, entre autres, porter des mini-jupes...

Avec le temps, la crise qui sévissait en plein cœur du château du Belvédère finissait par ne plus pouvoir être ignorée et, tout comme Albert, Paola ne prit plus la peine de dissimuler ses aventures amoureuses !

Car si Albert pratiquait l'adultère, Paola n'était pas du genre à subir les escapades de son mari les bras ballants. Elle était belle, sensuelle et avait très envie de, à nouveau, pouvoir mordre la vie à pleines dents ! Elle n'avait pas d'autres choix que d'aller voir ailleurs. Loin d'être discrète, elle s'affichait sans honte aux yeux de tous, aux côtés des hommes parmi les mieux nés ou encore ayant réussi dans les affaires.

Un des amants que l'on prête à la princesse Paola porte le même prénom que son époux, à savoir Albert. Il est vrai que cela a ses avantages et permet de rester crédible en cas de lapsus éventuel… Cet homme, âgé de 34 ans, était Albert de Mun, un journaliste parisien travaillant pour le magazine hebdomadaire *Paris Match*. Il s'agissait d'un homme riche dont le père était politicien.

Jeune, riche et respecté dans son métier, il avait les qualités nécessaires pour susciter l'envie des femmes, même les plus belles.

Plusieurs photographies sur lesquelles se trouvaient la princesse et le journaliste circulèrent alors dans les médias, sans que Paola ne cherche à les dissimuler ou à les interdire. Les clichés montraient la jeune femme aux côtés de son amant, riant aux éclats et posant les mains sur lui. Ils avaient été photographiés en Sardaigne, un lieu idyllique pour un séjour amoureux.

Pauvrement vêtue, et l'on parle évidemment de ses fameuses jupes courtes, Paola semblait vouloir prendre sa revanche sur la vie et oublier les mauvais moments que sa belle-famille lui faisait passer depuis quelques années.

Certains affirment même que ces photos auraient été prises expressément, suite à la demande Paola elle-même qui, de cette façon, voulait se venger de son infidèle de mari!

D'autres relations extraconjugales furent prêtées à la belle Paola, évidemment. Une femme aussi jolie que la princesse, délaissée par un mari infidèle, ne pouvait se contenter de rester seule.

À part celles d'Albert de Mun, elle aurait, pour certains, partagé les nuits d'Aldo Vastapane, le célèbre homme d'affaires belge qu'il y en a pour qualifier de père biologique de Laurent. Aldo Vastapane a toujours démenti ces rumeurs précisant que les seules relations qu'il a jamais eues du côté du palais étaient des relations d'affaires et que ces bruits auraient eu pour origine la présence d'hélicoptères que l'on voyait atterrir dans sa propriété. Le prince Laurent, à qui on a posé la question, a répondu avec humour alors que le doute, devant cette rumeur tenace, a souvent dû l'effleurer, qu'il n'était pas là pour vérifier. Par contre, pour Mario Danneels, celui qui a révélé l'existence de Delphine, il ne fait pas de doute que Laurent est bien le fils d'Albert II. Et on peut être certain que si ce journaliste l'affirme, c'est qu'il s'est bien renseigné et a fait tous les recoupements nécessaires.

Qui plus est, si cela était vrai, Albert II aurait-il conféré à ce monsieur le titre de baron ?

La rumeur a associé régulièrement d'autres personnalités masculines à Paola, tous des gens connus au succès certain...on ne prête qu'aux riches. Les principaux sont un chanteur célèbre d'origine italienne et un homme politique bruxellois connu. Un des derniers en date serait un homme d'affaires allemand au nom célèbre, Hans Heinrich von Thyssen-Bornemisza.

Albert et Paola : un amour retrouvé ?

Une trentaine d'années à faire semblant, ça commençait à devenir long. En général, lorsqu'on en a assez, on s'en va.

Mais pas forcément dans une famille royale…

Et puis avec le temps, malgré les divergences et les querelles des dernières années, en dépit des tromperies, des frasques et des scandales, le roi et la reine, petit à petit, se réconcilièrent comme s'ils avaient retrouvé une deuxième jeunesse.

Depuis la nomination d'Albert sur le trône, les choses avaient changé et l'amour avait repris sa place au sein du couple, comme si les mauvais moments n'avaient été que de simples obstacles à franchir.

Ils sont alors devenus de vrais complices, recommençant à partager des moments d'intimité et le sourire de Paola ne semblait plus faux lorsqu'elle apparaissait à la Une des magazines.

La popularité du couple n'avait encore jamais été si élevée et tous oublièrent alors l'image négative qu'ils avaient donnée à la Belgique quelques années auparavant.

Même l'histoire de la révélation de Delphine Boël ne réussit pas à briser le nouveau couple qui venait de se créer.

À côté de ces chapitres que nous avons voulu sérieux, objectifs, documentés, et recoupés, même si souvent ils ne font qu'évoquer des rumeurs qui ont l'intérêt de soulever un coin du voile, et à travers elles l'atmosphère d'une époque qui est dépeinte, nous n'avons pas voulu continuer après Albert II pour la simple et bonne raison que la vie de Philippe et Mathilde est loin d'être finie et que, pour nous, elle ne relève pas encore de l'Histoire, mais bien des rubriques liées au journalisme, tant les sources écrites sont peu nombreuses.

Bibliographie

Albert Ier et Élisabeth

• Belle, Jacques, *La défaite française, un désastre évitable*, Paris, éd. Économica, 2007.

• de Belgique, Esméralda et Vachaudez, Christophe, *Albert et Élisabeth*, Bruxelles, Racine, octobre 2014.

• de Belgique, Marie José, *Albert et Élisabeth de Belgique, mes parents*, Plon, 1971.

• Dumont, Georges-Henri et Dauven, Myriam, Élisabeth de Belgique ou les Défis d'une reine, Fayard, 1986.

• Gérard, Jo, *Le général Van Overstraeten, « Vice-Roi » en 1940*, Braine-l'Alleud, éd. J-Collet, 1990.

• Raskin, Evrard, Élisabeth de Belgique - Une reine hors du commun, Luc Pire, 2006.

• Thielemans, Marie-Rose et Vandewoude, Émile, *Le roi Albert au travers de ses lettres iné-*

dites (1882-1916), Bruxelles,Office international de librairie, 1982.

- van Ypersele, Laurence, *Le roi Albert - Histoire d'un mythe*, Quorum, Ottignies - Louvain-la-Neuve, 1995.

- Weber, Patrick, Élisabeth de Belgique. L'autre Sissi, Payot, 1998.

Léopold III et Lilian Baels

- Aron, Raymond, *Léopold III, le choix impossible*, Paris, éditions Plon, 1977.

- Cokaiko, Sébastien, *Les Fous du roi : Léopold III (1934-1940)*, Bruxelles, éditions Luc Pire, 2008.

- Dayez-Burgeon, Pascal, *Léopold III ou la difficulté d'être roi*, éditions Historia, juillet 1990.

- Dayez-Burgeon, Pascal, *Astrid, histoire d'un mythe*, Paris, éditions Criterion, 1995.

- de Belgique, Esméralda, *Léopold III*, mon père, Bruxelles, éditions Racine, 2001.

- • de Staercke, André, *Mémoires sur la Régence et la Question royale*, Bruxelles, éditions Racine, 2003.

- Dumoulin, Michel, *Spaak*, Bruxelles, éditions Racine, coll. « Documents », 1999, 736 p.
- Dumoulin, Michel, Van den Wijngaert, Mark et Dujardin Vincent, *Léopold III*, Bruxelles, éditions Complexe, 2001.
- Giscard d'Estaing, Antoine, *Léopold III : Un Roi dans la tourmente*, Bruxelles, éditions Racine, 1996.
- Keyes, Roger et Scheyven, Guy, Échec au roi : Léopold III 1940-1951, Paris-Gembloux, éditions Duculot, 1986.
- Léopold III, *Pour l'Histoire : Sur quelques épisodes de mon règne*, Bruxelles, éditions Racine, 2001.
- Léopold III, *Carnets de voyages, 1919-1983*, Bruxelles, éditions Racine, 2004.
- Miquel, Pierre, *La Seconde Guerre mondiale*, Paris, éditions Fayard, 1986.
- Moureaux, Serge, *Léopold III - La tentation autoritaire*, Bruxelles, éditions Luc Pire, 2002.
- Raskin, Evrard, *Princesse Lilian, la femme qui fit tomber Léopold III*, éditions Luc Pire, Bruxelles, 1999.

• Verwilghen, Michel, *Le Mythe d'Argenteuil*, éditions Racine, 2006.

Baudoin et Fabiola

• Balfoort, Brigitte et De Voogt, Joris, *La Reine Fabiola. Une jeune fille de 80 ans*, Jourdan Éditeur, 2008.

• Buxant, Martin et Samyn, Steven, *Belgique, un roi sans pays*, éditions Plon, Paris, 2011.

• Cardinal Suenens, *Le Roi Baudouin - Une vie qui nous parle*, Ertvelde, F.I.A.T., 1995.

de Lobkowicz, Stéphane, *Baudouin*, Braine-l'Alleud, éditions J.M. Collet, 1994.

• Roegiers, Patrick, *La spectaculaire histoire des rois des Belges*, Paris, éditions Perrin, 2007.

Séguy, Philippe et Michelland, Antoine, *Fabiola. La reine blanche*, éditions Bayard, 1995.

• Serrou, Robert, *Baudouin le Roi*, Paris, éditions Perrin, 2000.

Urbiola, Fermín J., *Fabiola, reine depuis toujours*, Wavre, éditions Mols, 2012.

Albert II et Paola

- Danneels, Mario, *Paola : de la dolce vita à la couronne*, éditions Luc Pire, 2000.
- Gérard, Jo, *Albert II et sa famille*, éditions J-M Collet, 1993.
- Leroy, Vincent, *Chroniques du règne d'Albert II*, éditions Azimuts, 2006.
- Leroy, Vincent, *Le règne d'Albert II*, éditions Imprimages, 2013.
- Leroy, Vincent, *Les 70 ans de la reine Paola*, éditions Imprimages, 2008.
- Masuy, Christine, *Paola, reine des Belges*, éditions Luc Pire, 2007.
- Molitor, André, *La fonction royale en Belgique*, éditions Crisp, 1978.
- Roegiers, Patrick *La Spectaculaire histoire des rois des Belges*, éditions Perrin, 2007.

Table des matières

Achevé d'imprimer en CE
Sur les presses de SNEL